AF610167

LUCIEN SAULNIER

LUCIEN SAULNIER

« N'est-ce pas à ceux qui ont
« la foi de donner l'exemple aux
« autres ? »
(*Lucien Saulnier*, Lettres.)

PARIS

LIBRAIRIE POUSSIELGUE FRÈRES

27, RUE CASSETTE

1882

PRÉFACE

Ces pages sont destinées aux amis de Lucien Saulnier. Tout y est simple. Elles renferment le récit des derniers jours d'un jeune homme de vingt ans, mort pour son pays. On le prend à l'heure où il s'enrôle sous le drapeau de la France et de l'Église ; on le quitte, quelques semaines plus tard, quand il ne reste de lui qu'un cadavre mutilé, mais glorieux cependant, et conduit à sa dernière demeure avec plus d'admiration encore que de douleur. Tout l'intervalle est rempli par les notes et les lettres du soldat, souvenirs de famille, reliques précieuses auxquelles servent de cadre les lignes tombées de la plume émue de ceux qu'il aima le plus ici-bas. Les notes, le soldat les écrivit pour lui, sur son carnet de poche : il marquait ainsi, au jour le jour, ses états d'âme et de service ; toujours prêt à la marche, quoique toujours souffrant ; toujours attaché à Dieu, en raison même de l'isolement douloureux où il se sentait, et du dégoût que lui inspirait la guerre ; les lettres, il les adressa à sa mère. Elles sont de chaque jour, tant qu'il put tenir une plume ou un crayon. Un esprit curieux les parcourra peut-être avec indifférence ; elles ne lui offriront ni le piquant des détails, ni des faits inconnus jusqu'ici, ni le charme d'une narration due au talent d'un esprit rompu à l'exercice des phrases. Lucien Saulnier ne songeait pas à écrire. Il songeait à sa mère, qui suivait avec une inquiétude chaque jour croissante les progrès de la guerre, et interrogeait avidement les feuilles publiques, moins pour y découvrir le mouvement de l'armée que le déplacement du corps auquel appartenait son fils, et la part qu'il pouvait avoir prise à ces tristes combats où tout était pour nous confusion et désastre. Et chaque jour, Lucien laissait aller sa pensée sur le papier, afin que la pauvre mère se convainquît que, la veille ou l'avant-veille, son fils était encore debout.

Ceux qui lisent par le cœur, plus encore que par l'esprit, comprendront tout ce que ces lettres ont de grand, de précieux, de tendre dans leur simplicité. Les mères qui ont attendu, les fils qui ont quitté brusquement le foyer domestique, et qui l'ont retrouvé après mille périls, ne verront pas sans émotion la délicate attention de ce fils que rien ne peut détourner du devoir qu'il s'est imposé, et qui, à défaut de table et lorsqu'il ne peut même plier le genou, parce qu'il est de faction, se sert du canon de son fusil pour soutenir le papier sur lequel il trace à la hâte quelques lignes au crayon. Ces lignes sont la lettre du zouave à sa mère, pour ce jour-là.

Et si l'on s'arrête à comparer pieusement les notes du carnet avec les lettres prises au même jour ; si même on les rapproche, dans leur ensemble, on découvre un nouveau trait, non moins touchant de cet amour filial devenu un culte : Lucien fut souvent souffrant, les notes en font foi ; les lettres ne le disent jamais ! La souffrance, le pauvre enfant la gardait pour lui seul, et il cherchait dans son cœur, avec des paroles d'espérance et de joyeux élans, un sourire pour sa mère.

Mais les notes et les lettres du jeune zouave nous révèlent, à côté des pensées de l'amour filial, d'autres pensées et un autre amour. Il n'était pas seulement à sa mère, il était à sa patrie, et il était à Dieu. A sa patrie, dont il ne put voir les abaissements sans un chagrin violent, qu'il voulut secourir malgré la délicatesse de sa santé et les larmes de sa mère ; à sa patrie, dont il attendit le salut d'abord avec confiance, parce qu'il semblait à son cœur généreux que l'élan des zouaves devait se communiquer à l'armée tout entière, ensuite avec un doute amer, lorsqu'il vit avec quelle déplorable inhabileté étaient conduites les affaires de la France, et comprit que l'héroïsme était plus puissant à provoquer l'admiration que l'imitation. Il en vint à ne plus croire à la possibilité du salut sans une intervention directe de la Providence, que nous ne méritions pas. Mais lui, dans l'intrépidité de sa justice et de sa foi, espérait en ce secours divin, l'annonçait presque comme prochain, et toutefois, loin de s'y confier au point de se dérober au sacrifice, affrontait au premier rang les balles de l'ennemi. Sa foi patriotique venait de sa foi chrétienne, qui lui avait fait comprendre la grande leçon de l'exemple. « N'est-ce pas à ceux qui ont la foi de donner l'exemple aux autres ? » disait-il avec l'accent de sa rare piété. Car, nous l'avons dit, il était non-seulement à sa mère et à sa patrie, mais à Dieu.

A Dieu surtout, dont il ne veut pas cesser d'être l'ami ; à Dieu, qu'il visite avant l'engagement, qu'il reçoit avant de se séparer des siens, qu'il cherche dans les jours pénibles et monotones de la vie des camps, qu'il prend pour confident de ses tristesses et de ses souffrances, qu'il appelle à lui au temps de ses affreuses douleurs, lorsque sa mère, qui ignore tout, semble ne pas vouloir répondre à ses appels réitérés ; à Dieu, avec lequel il s'entretient jusqu'à sa dernière heure et dont il paraît craindre d'être séparé pour trop longtemps encore, à ce moment déchirant où sa mère, qui le croit privé de connaissance, voulant le rappeler à la vie, il s'écrie, comme arraché à l'extase : « Mère, tu m'empêches d'aller au ciel ; laisse-moi, je t'en supplie ! » Cette parole n'est point dure, elle est céleste. Le saint jeune homme était déjà appliqué à l'œuvre de son Père, c'est-à-dire à la contemplation des choses divines et à l'amour de ce qui est éternel, et il suppliait qu'on ne l'en détournât point.

Et ce n'est pas un enthousiasme juvénile, un goût prononcé pour les choses hardies, une humeur entreprenante et belliqueuse qui donnent à Lucien ce courage ; ce n'est point une imagination absorbée dans l'idée pieuse qui lui donne cette foi. Qu'on le suive dans ses notes, jour par jour, étape par étape ! Il est malade tout le temps, il s'ennuie de la guerre, ne comprend rien à cet affreux carnage humain, regrette les affections de la famille et les douces soirées de Saulcet.

Il pense à Dieu et le prie, mais comme on pense à un ami et comme on implore un secours; il n'a point de visions, et ne s'érige pas en prophète ; il se sent faible et petit, et à ce double titre, s'adresse à Celui qui seul est fort et grand. Ses sentiments sont d'une âme simple et tendre, d'un cœur qui, pour la première fois rencontre la souffrance et l'isolement ; rien n'y est emprunté ni forcé ; dans ces notes rapides qui trahissent les impressions les plus fugitives et les pensées sans calcul, dans ces lettres destinées à soutenir le cœur d'une mère, l'exaltation n'a point de place : tout y est calme, patriotique et pieux.

Cette impression douce et sereine, qui saisit dès les premières lignes de ces souvenirs, on la ressent jusqu'au bout ; mais elle revêt un caractère de profond attendrissement, quand on lit cette note, la dernière que la main du généreux soldat ait tracée :

« Communié..., apporté Dieu... Bien prié Marie Immaculée..., entendu canon.

C'était le 8 décembre, fête de l'Immaculée Conception. Blessé depuis six jours au bras et à la jambe, sans pansement, dévoré par la fièvre, Lucien avait reçu son Dieu dans la sainte communion. Son âme alors était pleine du souvenir de cet hôte ami ; mais son oreille n'était point fermée aux cris de douleur de la patrie, et le canon qui grondait venait lui faire ajouter à son action de grâces une invocation pour cette grande malade, affaiblie aussi et gisante, sans médecin et sans remède !

Rien, dans ces mots péniblement écrits et qui résument des pensées de reconnaissance, d'amour, d'espérance, de foi et de sollicitude guerrière, ne trahit l'entraînement ni l'aveugle enthousiasme ; rien non plus n'indique la défaillance qui aurait eu sa place en ce moment, si des sentiments moins élevés et moins purs avaient conduit le noble enfant sur le champ de bataille.

Mais ces sentiments de courage et de foi, où donc Lucien les avait-il puisés ?

Il les dut à une éducation éminemment chrétienne qui lui apprit à suivre résolûment la voie du bien, alors même qu'elle était la plus dure.

Nous l'avons connu à cet âge qui sépare l'enfance de l'adolescence. Il avait douze ans. On pouvait dès lors le définir comme il se définit lui-même à la fin de sa vie : « Léger de tête mais bien aimant de cœur. » Mais, à la fin de sa vie, la tête savait mesurer sa légèreté, le cœur choisir ses affections. Au début, tout donnait à craindre : cette légèreté voisine de la dissipation, cette tendresse de cœur si expansive et si pleine d'abandon faisaient redouter pour Lucien un avenir troublé. On pouvait se demander avec inquiétude ce qui l'emporterait dans cette âme, de l'amour de la bagatelle ou de l'attachement aux vrais principes.

La lutte fut vive et longue. Elle durait encore au moment où les tristes désastres de nos armées, en 1870, vinrent arracher les Français à leurs illusions ou à leur torpeur. La victoire était souvent restée à Lucien ; alors encore elle fut complète ; mais, comme le moment était solennel et la résolution suprême, Dieu revêtit son jeune soldat d'une force qu'il ne s'était jamais connue. Il n'avait été dans ses luttes passées qu'un bon et fidèle chrétien ; il devint soudain, en quelques heures, en un instant peut-être, un athlète vaillant, généreux, hardi ; il sembla que les horizons de l'éternité s'étaient dévoilés pour lui, et qu'il eût puisé dans leur vue ce sentiment d'indomptable énergie que la mort même ne devait point ébranler.

Nous avons dit que ce résultat fut le fruit de l'éducation chrétienne. C'est à elle, en effet, qu'il faut en attribuer tout le bienfait. Lucien ne fut point abandonné à ses instincts naturels; il apprit à les surveiller, à les diriger ou à les vaincre ; il apprit à prier et à mettre Dieu de moitié dans ses actions ; il apprit à s'humilier et à crucifier la convoitise sous la loi du devoir ; il apprit enfin, à estimer la vérité et la simplicité de la vertu plus que les vanités brillantes et menteuses du vice. Il fut conduit par la foi à la pratique du bien au dévouement, par le dévouement au sacrifice et à la mort.

C'est par de telles voies que chacun doit avancer vers le terme de la vie, et ces voies, qui font les âmes si fortes, ne sont connues que du chrétien.

On a admiré le merveilleux courage et l'héroïque générosité des zouaves pontificaux dans la dernière guerre. Rien de plus noble, assurément, et de plus digne d'arrêter les regards. Si notre pays doit être régénéré, il le devra à ce sang versé et à ces exemples conservés, propagés, multipliés. Mais, en dehors des admirateurs chrétiens, en est-il beaucoup d'autres qui aient voulu comprendre le secret de cette bravoure antique? Beaucoup ont-ils osé, observateurs résolus, remonter à la cause de ce prodigieux effet, et, s'ils l'ont soupçonnée, n'ont-ils pas craint de la découvrir trop clairement ?

Ah ! plaise à Dieu que toutes les résistances tombent et que les timidités disparaissent ; qu'en présence de la décadence qui nous menace, la sincérité l'emporte sur le déguisement, l'amour de la privation sur l'amour du plaisir, l'abnégation sur l'intérêt personnel, étroit et avide ; que tous, témoins résolus d'une vérité éclatante, s'unissent pour proclamer qu'il faut au soldat les leçons de la foi, l'énergie que donne la foi, la confiance que seule elle inspire à ces heures décisives où il faut vaincre ou mourir. On verrait alors ceux qui gouvernent les peuples, persuadés eux-mêmes qu'une armée de vrais chrétiens est une armée invincible, se préoccuper également de l'âme et du corps du soldat, s'appliquer à procurer à l'une autant qu'à l'autre une discipline et un enseignement salutaires, dresser enfin des règlements que le caprice ni l'irréligion ne pourraient enfreindre.

Dans le bataillon des zouaves, le prêtre marchait auprès du soldat : et, au moment de la lutte , sa main raffermissait les courages en faisant descendre sur tous, avec un suprême pardon, la certitude du salut.

Qu'ils étaient beaux ces jeunes hommes dans leur attitude fière, digne et pieuse, faisant sous les armes le signe de la croix, fléchissant le genou sous la bénédiction du prêtre, et se relevant bientôt, le cœur fort, pour marcher à l'ennemi ! C'est en vain qu'autour d'eux sifflaient les balles, que dans leurs rangs les obus éclataient, et que la mitraille y faisait d'affreux ravages : ils avançaient sans peur, d'un pas égal, le regard assuré. La voix des chefs trouvait un écho fidèle dans ces cœurs assouplis par la discipline chrétienne. Chefs et soldats, d'ailleurs, semblaient avoir pour le danger un même attrait, parce qu'ils avaient pour le devoir un même amour. Habitués à regarder la vie comme un passage, ils en apercevaient le terme sans amertume et sans trouble. Un rayon de la force des martyrs était descendu dans leur âme : ainsi que les martyrs, ils allaient à la mort comme à une fête ; car, pour eux également, la mort était l'aurore de cette éternité où l'on possède, sans craindre de le perdre, ce qui était durant la vie l'objet des plus ardents désirs ; où l'on attend avec une sécurité pareille, ceux que l'on vient de quitter.

Aussi le drapeau sacré, que nul ne pouvait porter sans être frappé de mort, parce que l'ennemi en avait fait son point de mire, devint-il l'objet de cette généreuse envie. C'était à qui tomberait sous les plis, après l'avoir un instant soutenu, il fut teint du plus noble sang et ne fut point rendu.

Et l'on vit les troupes françaises, vaillantes cependant, qui accompagnaient les zouaves, éclater en témoignages d'admiration pour cet intrépide et magnanime élan qui emportait au plus fort du danger, sans souci du nombre ni des ressources, cette phalange sainte. Ils allaient, le saint nom de Dieu invoqué ; et l'ennemi lui-même, frémissant d'une émotion voisine aussi de l'admiration et plus voisine encore de la stupeur, oubliait un instant de se servir de ses armes contre d'aussi valeureux champions.

Les générations à venir croiront lire, dans l'histoire du XIXe siècle, une page des âges héroïques. Puissent-elles tressaillir d'une noble émulation et chercher à faire revivre en leur temps ces mâles vertus.

Mais c'est à la génération présente, aux amis de Lucien Saulnier qui liront ces pages qu'il appartient de garder, de si grands exemples, un souvenir toujours vivant.

Toutefois que leur admiration ne soit point stérile, et qu'ils s'appliquent à faire passer dans leur vie les vertus qu'elles auront admirées ; qu'il soient persuadés que la force est le résultat des longues luttes, et qu'ils sachent la posséder dans les modestes occasions aussi bien que dans les éclatantes ; qu'ils n'hésitent point à se faire violence pour sortir de la voie détournée, quelque peu qu'ils y soient engagés ; qu'ils aient constamment à la pensée de combattre les traditions ruineuses et les vices qui font crouler les empires.

Le P. Lacordaire signalait à la jeunesse de son temps, comme vices à détruire : l'orgueil, la volupté, l'égoïsme, et comme vertus à acquérir : l'humilité, la pénitence, le dévouement.

Le travail que j'ai clairement indiqué ; qui voudrait ne le point entreprendre ? qui refuserait d'apporter à la reconstruction de l'édifice national son généreux concours ?

Ouvriers de la première ou de la onzième heure, nous avons tous à coopérer à la même œuvre ; celui qui s'y refuse est rejeté : si toute une génération s'y refuse, elle est tout entière rejetée, et l'œuvre périt. Or cette œuvre, c'est quelquefois la patrie. Si la génération se rend, quoique tardivement, mais avec un vaillant cœur, à l'appel du Maître, elle sera préférée, et alors c'est en vain que s'élèveront contre elle les nations qui auront mis leur foi dans leurs cavaliers et dans leurs chars : la miséricorde de Dieu, plus vaste encore que nos crimes, apaisera les réclamations de sa justice et nous rétablira dans notre gloire, vainqueurs de la violence et de l'oppression.

Mais il faut pour cela que nul n'hésite, et que chacun de ceux qui comprennent les obligations du nom chrétien se dévoue à l'action et dise avec Lucien Saulnier : « N'est-ce pas à ceux qui ont la foi de donner l'exemple aux autres ? »

Paris, 3 février 1873, deuxième anniversaire de la mort de Lucien.

LUCIEN SAULNIER

Lucien avait vingt ans; ses amis savent ce qu'il était alors : est-il un enfant, est-il un jeune homme qui ait été plus aimé que lui de ses professeurs et de ses camarades? Sous une apparence enjouée et un peu légère se cachaient des convictions solides et des sentiments généreux qui pouvaient laisser prévoir une vie dévouée aux grandes et nobles causes. Son enfance avait été tranquille et douce au milieu d'une famille qui l'aimait tendrement, et qu'il n'avait quittée que pour aller en pension au petit séminaire de Clermont-Ferrand. A dix-sept ans, il eût le malheur de perdre son père, et alors, pour se rapprocher de sa mère, il vint faire sa philosophie chez les Pères Jésuites d'Iseure : là, comme à Clermont, la gaieté de son caractère, sa franchise, sa complaisance pour tous lui gagnèrent immédiatement et pour toujours l'affection de ses professeurs et de ses condisciples. Les sentiments religieux que Lucien avait puisés chez ses parents et chez ses maîtres ne firent que se développer et se fortifier durant les deux années qu'il passa à Paris pour ses études de droit. Ce fut surtout dans cette ville, au milieu du choc de toutes les idées et de toutes les passions, que son âme se dilata et se prépara par la lutte aux luttes que Dieu lui réservait dans un avenir si rapproché. A son arrivée à Paris, il avait été accueilli par un prêtre plein d'amour pour la jeunesse, M. l'abbé de la Foulhouze, qui depuis est allé recevoir près de Dieu la récompense de son zèle. M. de la Foulhouze dirigeait à Saint-Sulpice l'œuvre de Notre-Dame-des-Etudiants, et Lucien fut appelé dès le premier jour à en faire partie. Combien se rappellent l'avoir vu les dimanches à la chapelle, dont il était l'un des sacristains, et à la conférence de Saint-Vincent-de-Paul, où il apprenait le dévouement par la charité ! Comme il animait ce petit cercle choisi d'amis où maintenant encore son souvenir est un souvenir de douceur, de noblesse et de générosité ! Mais Dieu demandait de lui quelque chose de plus grand.

Lucien depuis deux ans avait sollicité de sa mère l'autorisation d'aller s'engager dans les zouaves pontificaux : il revenait un jour de Notre-Dame-des-Victoires, où il avait fait la sainte communion ; sa mère soupçonna qu'il avait fait le vœu de réaliser ce projet : elle s'en effraya, et le supplia de ne jamais faire aucun vœu avant d'en avoir parlé à son directeur. A cette époque, il écrivit à M. l'abbé Vacheron, qui était resté le confident de ses plus intimes pensées après avoir été son professeur au petit séminaire de Clermont :

« J'ai dit à ma mère que je voulais m'engager « dans les zouaves pontificaux. Si je ne puis être « utile à la société d'une autre façon, je la ser- « virai en défendant l'Eglise et le Pape : ce sont « là mes idées ; vous en rirez peut-être, et ce- « pendant je parle sérieusement... Personne ne « veut me croire ; mais on verra plus tard... « Pour le moment, je cherche à modifiér mes « idées uniquement à cause de ma mère. »

Il allait avoir bientôt l'occasion de prouver

que ces paroles étaient l'exacte expression de ses sentiments.

La guerre avait éclatée : la France était inondée de sang et se courbait sous le poids de ses défaites ; toutes les mères étaient en larmes, car tous les fils partaient. Lucien venait d'être exempté comme fils aîné de veuve ; il était cependant encore de la mobile ; mais, au conseil de révision, le médecin le fit réformer à cause de sa constitution trop délicate ; et sa pauvre mère bénissait Dieu qui lui conservait son fils. Lucien recevait ses caresses, l'expansion de sa joie ; il entendait l'expression de ces actions de grâces à Dieu, plus vives et plus émues à mesure que les flots de sang grossissaient ; mais cette joie, ce bonheur, dont sa présence était la cause, le rendaient triste, et il disait : « Est-ce que toutes les mères n'aiment pas leurs fils comme tu m'aimes ? et pourtant ils partent tous et moi je resterais, alors que je devrais donner ici l'exemple du dévouement ! c'est mal ce que tu me fais faire ! » Sa tristesse augmentait chaque jour. Enfin, un matin, après avoir entendu la messe auprès de sa mère dans la petite chapelle du Sacré-Cœur, à Saulcet, au sortir d'une prière fervente, après s'être tenu longtemps prosterné, la tête dans les mains, il s'approcha de sa mère, qui terminait son action de grâces, et lui remit un billet où elle put lire ces mots généreux :

« Je viens de prendre une grande détermina-
« tion : je sens qu'il me faut un remède éner-
« gique pour la maladie morale dont je suis
« accablé ; demain soir je pars pour Clermont ;
« je me confesserai et me mettrai sous la pro-
« tection de la sainte Vierge de Notre-Dame-du-
« Port, et j'irai me mettre sous les ordres de
« M. de Cathelineau ; je me battrai pour une
« cause sainte et légitime, car la devise de cet
« homme est : *Dieu et la France.* Cette petite
« armée sera le noyau de tous les anciens sol-
« dats du Pape, et en luttant pour la France ils
« serviront la cause de notre principe. Y con-
« sens-tu ? C'est une inspiration qui m'est ve-
« nue de Dieu, j'en suis sûr. A la garde de
« Dieu.

« LUCIEN.

« 28 septembre 1870. »

Le lendemain il partit pour Clermont ; il alla au petit séminaire, où il ne trouva pas son cher abbé Vacheron ; mais il rencontra un de ses anciens professeurs auquel il voulut se confesser ; c'est lui qui a répété ces paroles de Lucien: « Je veux aujourd'hui me confesser comme si « c'était la dernière fois de ma vie. »

Pendant ce temps, la pauvre mère se préparait à l'épreuve : elle priait Dieu de lui donner le courage de ne point s'opposer à la noble et généreuse résolution de son enfant, s'il l'avait lui-même inspirée ; mais cette résolution venait-elle de Dieu ?... Mme Saulnier en doutait. Elle se décida à aller demander à Mgr de Moulins, qui avait toujours eu pour elle et pour ses fils une bonté toute paternelle. Elle ne trouva pas Monseigneur ; mais il lui fit dire : « Que Lucien ne « parte pas encore, qu'il attende quelques « jours, qu'il vienne me parler. »

Lucien était de retour à Saulcet, impatient, mécontent. « J'étais si bien préparé ! » disait-il. Il va à Moulins le 30 septembre, et voit Monseigneur , qui lui annonce l'arrivée en France des zouaves pontificaux, et leur réformation. Les zouaves, en effet, reconduits en France à la suite des funestes mais glorieuses affaires de Rome, venaient d'obtenir du gouvernement de la défense nationale, après quelques jours de pénible incertitude, la permission de verser leur sang pour leur pays, en conservant leur organisation propre. Cette nouvelle remplit Lucien d'une joie inexprimable : les zouaves revenus, il n'y avait plus à hésiter ! Il ne voulait pas attendre, ses préparatifs étaient faits ; à peine sa mère peut-elle le garder encore quelques jours à Bellecour. Il écrit à M. l'abbé Vacheron : « Venez me faire vos adieux, je pars pour Tours. » L'excellent abbé accourt aussitôt et dit à la pauvre mère désolée, mais résignée : « J'accompagnerai Lucien, et je vous promets de le ramener, car il est impossible que la lutte se prolonge encore. Dieu vous a donné un noble et pieux enfant ; il vous demande aujourd'hui, comme autrefois à Abraham, de lui faire le sacrifice de votre fils ; mais il vous le rendra, croyez-le ! » C'était dans la soirée du 11 octobre; quelle soirée, mon Dieu ! la dernière que Lucien passait entre sa mère et son frère, à ce foyer où il répandait tant de joie, et qu'il ne devait plus revoir. On n'osait parler que d'espérance, et le cœur n'avait que des pensées de mort. Il fallut se séparer pour la nuit. Lucien la passa presque entière à mettre en ordre ses effets et ses papiers, comme s'il avait le pressentiment qu'il ne reviendrait plus ; il écrivit alors cette lettre admirable :

« A ma mère,

« J'écris ces lignes avant de partir pour Tours, « je vais me battre pour mon pays ; Dieu, je « l'espère, me protégera et me fera miséricorde. « Je suis bien triste de tout quitter ; mais « l'honneur m'appelle. Tous mes amis sont « partis, et moi je resterais ! Ce n'est pas pour « la république que je vais me battre, c'est « pour Dieu et la France. Hélas ! tous ces beaux « projets d'avenir les voilà évanouis ! je rêvais « un idéal que Dieu ne m'a pas permis de réali- « ser : j'ai cependant l'idéal de tout bon chré- « tien. Je demande pardon à toutes les person- « nes que j'ai chagrinées ; à ma mère, que j'ai- « mais bien ! Je compte sur elle pour les prières : « je lui demande comme dernière preuve d'af- « fection de distribuer à chacun les souvenirs « que je donne.

« LUCIEN.

« Saulcet, 11 octobre 1870. »

Ici vient son testament :

« Je prie ma mère de distribuer comme sou « venir :

« . . . . . . A M. l'abbé de la Foulhouze, « l'ornement que j'aurais donné à Notre-Dame- « des-Étudiants pour mon mariage. . . . ; « à ma mère, tout le reste, avec mon dernier « adieu et mon dernier baiser... ; au comte de « Chambord, le regret de ne pouvoir vivre « pour le servir ; à Dieu, mon âme. Que tous « mes amis se souviennent de moi, prient pour « moi ; j'étais léger de tête, mais bien aimant « de cœur.

« LUCIEN.

« Saulcet, 11 octobre 1870. »

Il écrivit sur l'enveloppe :

« Confié à la délicatesse de cœur de M. l'abbé « Vacheron ; ne décacheter qu'en cas de dé- « cès. »

Le lendemain, jour du départ, tout le monde était levé de bonne heure à Bellecour ; Lucien, le premier, qui voulait avant de partir saluer une dernière fois tous ces lieux qu'il avait tant aimés. Il alla s'agenouiller auprès de sa mère dans la chapelle du Sacré-Cœur, où M. l'abbé Vacheron offrit le saint sacrifice ; les fermiers et les gens de Bellecour y assistèrent en pleurant. Lucien fit la sainte Communion entre sa mère et son frère, et Dieu sait ce qui se passa alors dans le cœur de la mère et dans celui du fils. Quelle autre religion que la religion chrétienne peut inspirer une telle force dans le sacrifice et une telle ardeur dans le dévouement ? Il fallut enfin se dire adieu. « Je reviendrai, » disait Lucien en souriant, pour donner du courage à ceux qui l'entouraient ; mais on le vit s'éloigner, et Dieu ne permit pas qu'il revînt.

Les voyageurs se rendirent d'abord à Tours où ils pensaient que le régiment des zouaves se reconstituait ; mais, pour ne pas se trouver en contact avec les soldats de Garibaldi, les soldats du Pape avaient dû se transporter au Mans ; il fallut donc aller les y joindre. Lucien ne connaissait dans cette ville que M. du Ranquet, capitaine de recrutement, dont il ignorait d'ailleurs l'adresse ; en attendant qu'il pût signer son engagement, il descendit à l'hôtel de France. C'était l'heure du dîner, et Lucien entra avec M. Vacheron dans une salle à manger pleine de zouaves ; à côté d'eux se trouvait un lieutenant, M. B... des C..., qui fit avant de se mettre à table, un grand signe de croix avec toute la simplicité et la rondeur d'un soldat chrétien. Gagnés sur l'heure par cet acte pieux, ils engagèrent la conversation avec l'officier, lui dirent quel était le but de leur voyage, lui parlèrent des recommandations qu'ils avaient pour le colonel et pour plusieurs autres zouaves que M. B... des C... connaissait parfaitement ; comme, du reste, il était lui-même du Bourbonnais, la connaissance fut vite faite, et si bien, que Lucien promit de s'engager dans la compagnie de son nouvel ami. Le soir même, il alla voir le capitaine du Ranquet, et lui dit son intention de s'engager dans la 4e compagnie du 1er bataillon, qui était celle de B... des C... Mais M. du Ranquet objecta que le 1er bataillon devait entrer en campagne sous peu de jours, et qu'avant cette époque Lucien n'aurait peut-être pas le temps d'être suffisamment exercé pour le suivre ; M. l'abbé Vacheron, de son côté, supplia son jeune ami de choisir un autre bataillon devant entrer moins rapidement en campagne, ne pénétrant pas sans doute que c'était précisément cette circonstance qui tentait le plus Lucien. Toute représentation fut vaine, et le lendemain matin, à l'insu du bon abbé, Lucien se faisait inscrire dans la compagnie du lieutenant B... des C...

Le carnet du nouveau zouave et ses lettres à sa mère diront quelle fut sa vie à la caserne et en campagne, chacun de ces recueils à son caractère propre, auquel nous nous sommes fait scrupule de rien changer. Nous avons respecté jusqu'au moindre mot, et, bien qu'il ait paru à plusieurs qu'on pouvait heureusement intercaler les notes parmi les lettres, nous nous sommes refusé à faire un tout de deux œuvres très-distinctes. Les notes ne disent point ce que disent les lettres. Ici le fils se montre davantage par l'attention qu'il a de taire tout ce qui pourrait causer à sa mère une vive inquiétude; là le fils, le soldat, le chrétien, l'homme tout entier se révèle et traduit librement les impressions et les souffrances de sa nouvelle vie.

CARNET DE LUCIEN

Le Mans

30 *octobre* . — Passé vingt-quatre heures au corps de garde. Patrouille, petite émeute sur la place des Halles.

31 *oct.* — Rencontré V. et D. et dîné avec eux

1er *nov.* — Messe en armes à huit heures et demie. Pensé aux absents, à Saulcet.

2 *novembre.* — Messe en armes. Le soir, promenade militaire avec exercice de campagne. Porté le sac pour la première fois, pas trop fatigué. Pensé aux absents, à Saulcet.

3 *nov.* — Messe en l'honneur de l'anniversaire de Mentana. Resté à la Caserne toute la journée pour mal aux pieds. Que je m'ennuie ici ! Pensé aux absents.

4 *nov.* — Gardé chambre avec un temps superbe ; c'est ennuyeux ! Nombreux engagements. Pensé aux absents, à pauvre Saulcet... Pas reçu de lettre de ma mère.

9 *nov.* — Départ du Mans à minuit (1). Arrivés à Nogent à huit heures du matin. Repartis à trois heures pour la Bazoche. Arrivés à neuf heures du soir. Couché sous la tente à la Bazo-

(1) Le capitaine du Ranquet écrivit à Mme Saulnier, le 15 novembre : « Je puis vous assurer qu'au départ, le 9 novembre, Lucien était fort content, et il entrait en campagne avec beaucoup de foi. *Quand on a réglé ses papiers*, me disait-il, *on est prêt à tout ce que le bon Dieu voudra.* J'espère que, pour vous et pour la France, Dieu épargnera ce noble chrétien. »

che avec une pluie torrentielle; malade toute la nuit. Éreinté.

10 *nov.* — Arrivés à Châteaudun. Couché à l'hôpital (1); éreinté.

11 *nov.* — Partis le soir de Châteaudun. Deux compagnies, en avant-garde, à deux lieues.

12 *nov.* — Campés en avant-garde près du château de M. de Boisvillette, sur les bords du Loir.

13 *nov.* — Départ de Châteaudun. Passé la journée dans les bois, près de Bonneval, avec le 17e corps d'armée. Cherché les Prussiens dans les forêts.

14 *nov.* — Campé dans les bois des Coudrots,

(1) Ce fut un des aumôniers des zouaves, le R. P. de Gerlache, qui l'envoya à l'hôpital. Comme l'état de maigreur et d'épuisement auquel il voyait Lucien réduit lui inspirait des inquiétudes, il l'engageait à rester là et à ne pas continuer la campagne; mais Lucien aimait mieux mourir que de rester en arrière. Le R. P. de Gerlache disait à sa mère : « Lucien, pendant la campagne, se confessait régulièrement tous les cinq jours... La dernière fois qu'il vint me trouver, nous étions à genoux sur la neige... Je ne le connaissais pas par son nom, mais par son âme : elle était si belle ! »

près Bonneval, entre Châteaudun et Chartres, appartenant au vicomte Reille.

15 *nov.* — Toujours dans les bois. Froid épouvantable. Pas de nouvelles de ma mère. Dieu, que le temps me tarde de voir finir la guerre.

16 *nov., mercredi.* — Toujours au même endroit. Pluie. Humidité. Cette guerre ne finira donc pas ? Triste toute la journée... Reçu des nouvelles de ma mère pour la première fois depuis huit jours.

17 *nov., jeudi.* — Rien de nouveau ; toujours dans les bois des Coudrots. J'ai la colique.

18 *nov., vendredi.* — Toujours dans les bois. A deux heures, alerte. Départ précipité pour Bonneval avec les autres compagnies ; les Prussiens avaient mis le feu dans le village ; au nombre de trois mille et avec deux canons, ils ont été repoussés par quinze cents français. Nous sommes arrivés trop tard. Avons été au-delà de Bonneval, à un kilomètre d'eux. Revenus au milieu du brouillard, à sept heures du soir.

19 *nov.* — Toujours dans les bois, toujours souffrant. Ce matin à cinq heures on nous a conduits (la 4e compagnie) en reconnaissance jusqu'à Bonneval, en suivant le chemin de fer. Revenus à huit heures.

20 *nov., dimanche*. Toujours dans les bois. Avons été à la grand' messe à Saint-Christophe. Rien de nouveau. Toujours malade : Temps passable.

21 *nov., lundi*. — Toujours malade : le laudanum et le cognac ne m'ont rien fait. Alerte. A deux heures, ordre de départ. Restés sac au dos avec la pluie jusqu'à six heures. Refait les tentes et couché encore dans les bois.

22 *nov., mardi*.— Toujours dans ces diables de bois. A dix heures, levée des tentes. ordre de se tenir prêts. Sac au dos, avec la pluie jusqu'au soir. Ordre du départ. Contre-ordre à trois heures. Que c'est ennuyeux d'être ainsi !... Décidément le métier militaire est un vilain métier. Le soir nous avons encore refait nos tentes.

23 *nov., mercredi*. — Encore ici, grand Dieu ! nous sommes tous malades. La pluie tombe à torrents ; on ne parle plus de départ. Nous sommes menacés de rester encore longtemps. Troisième promenade à Bonneval à quatre heures du soir. Revenus à sept heures pour refaire nos tentes.

24 *nov., jeudi*.— A cinq heures du matin, lever et soupe. Levée des tentes et fait les sacs. On dit que l'on recule jusqu'à Châteaudun. Restés couchés sur la paille toute la journée à

attendre l'ordre du départ, A cinq heures du soir formé les tentes. Beau temps ; mais ennuyé et malade.

25 *nov., vendredi.* — Partis à cinq heures du matin avec trois mille hommes à la recherche des Prussiens, à travers les champs détrempés par la pluie. Rien mangé de la journée. Quarante pièces de canon. Sommes battus et avons été vainqueurs. Prussiens peu nombreux. Charge à la baïonnette. Onze blessés dans le 2e bataillon. Fait cinquante kilomètres... Prussiens chassés. Arrivée à Brou. Soif affreuse. Départ de Brou, toute la nuit.

26 *nov., samedi.* — Arrivé aux Coudrots à deux heures du matin, complétement éreinté. Dormi très-bien. Au réveil, mieux, sauf mal aux pieds. Entendu canon toute la journée du côté de Brou. A deux heures, levée du camp, départ pour Marboué, quoique fatigués ; arrivés dans un bois au milieu des broussailles. A dix heures, départ en silence pour Châteaudun ; traversé sans nous y arrêter.

27 *nov.* — Une heure du matin, marché toute la nuit. Quelle nuit ! mon Dieu ! jamais je n'aurai tant souffert ! sommeil, froid, fatigue, c'était horrible. Sept heures du matin arrivés au village de Binas, à vingt-deux kilomètres de Beau-

gency. Déjeuné au milieu de la boue, dans un champ. Départ à onze heures pour Saint-Laurent-des-Bois. Campé dans un vaste champ. Trente-cinq mille hommes de troupe. Dieu ! que je suis fatigué !

28 *nov., lundi.* — Bien reposé. J'en avais besoin. Journée sans rien faire. Reposé toute la journée. Rien de nouveau. On annonce que nous sommes adjoints à l'état-major, que notre colonel est nommé au commandement d'un bataillon de mobiles avec le grade de général de brigade.

29 *nov.* — Il est question de départ ; nous sommes chargés de veiller sur l'artillerie. Couché encore à Saint-Laurent-des-Bois.

30 *nov.* — Partis à six heures et demie de Saint-Laurent-des-Bois pour Coulmiers, à six lieues. Arrivés et campés à six heures du soir. Grand froid.

1er *décembre.* — Quel froid, cette nuit ! Grand Dieu ! nous sommes gelés sous la tente. nous sommes partis à trois heures du matin.

2 *déc., vendredi.* — Arrivés à Patay. Vu Henry (1). Départ de Patay. Battus à Loigny. Blessures : pied et bras.

(1). A partir de cet endroit l'écriture est presque illisible ;

3 *déc., samedi.* — Passé la journée dans une écurie, au milieu des Prussiens, sur la paille au château de Goury. Quelles souffrances !

4 *déc., dimanche.* — Toujours à Goury. Vingt-quatre heures sans manger. Souffert ! Que c'est triste de souffrir loin des siens ! Ecrit à mère par Prussiens !

5 *déc., lundi.* — Transporté chez Popot. Ecrit à mère par zouave partant. Souffert.

6 *déc.* — Chez Popot. Pas un docteur depuis quatre jours. Ecrit à mère par mobile fuyard.

7 *déc.* — Vu docteur et brisé, fièvre.

8 *déc., jeudi.* — Communié, apporté Dieu (1), bien prié Marie immaculée. Entendu canon.

. . . .

Ici finissent les notes de Lucien : ses cruelles souffrances l'empêchèrent de continuer à écrire ses impressions.

car il écrivait de la main gauche, à cause de sa blessure au bras droit.

(1) M. le curé de Tillay a raconté que Lucien lui avait dit : « Voudriez-vous demander à mes camarades de faire aussi la sainte communion ? Nous prierons ensemble pour la France. » Plusieurs, en effet, dans la ferme du brave Popot, communièrent avec Lucien.

Le Mans, 14 octobre, 1870.

Chère Maman,

Je t'écris de ma chambrée, je suis obligé de me coucher sur mon lit pour le faire ; aussi je ne t'en écrirai pas bien long, parce que je suis mal assis. Je viens de faire l'exercice pendant une heure, et je vais manger *mon rata dans ma gamelle* ; j'en prends bien mon parti, je m'y attendais. Mes camarades sont très-bons pour moi, surtout mon sous-lieutenant, M. Bouquet des Chaux, qui est du Bourbonnais. En somme, je m'habituerai, je pense. Je suis couché à côté de M. de Bourbon, le plus jeune. Je ne peux t'écrire plus long, je commence à être gêné dans ma position. A demain, je tâcherai de mieux m'arranger.

Adieu je t'embrasse affectueusement ainsi que Maurice et mon grand-père.

Lucien.

Aux zouaves pontificaux au Mans.

Le Mans, 16 octobre 1870.

Je n'ai pu t'écrire hier, comme je te l'avais promis, parce que ma journée a été on ne peut plus employée. Le soir, M. de Bourbon, qui est sous-lieutenant, m'a emmené dîner avec les officiers, qui sont tous charmants pour moi. Je suis tout à fait dans leur intimité. MM. de Bourbon, Bouquet des Chaux, de Montbel, cousin d'un de mes amis, et les autres me traitent tout à fait comme leur égal en grade ; quant aux soldats, nous sommes un petit cercle choisi (je ne te dis que cela), nous mangeons ensemble comme de vieux camarades. Ils sont tous de grande famille. Le jeune de Bourbon est avec nous ; tous deux sont charmants. Nous n'avons pas encore de costume ; nos tenues de pékins ne nous garantissent que très-médiocrement du froid. Mais je m'habitue à tout, et je finis par comprendre que c'était ma vocation. Louis de Lachaise est arrivé hier ; je l'ai à peine vu, parce que nous ne sommes pas de la même compagnie. Il a l'air bon enfant.

Le gouvernement met une très-mauvaise volonté à nous venir en aide ; il sait bien nous envoyer au feu, mais il a, pour ainsi dire, le bon esprit de nous y envoyer pour être tués. Deux compagnies qui étaient à Orléans, à l'avant-dernière affaire, se sont montrées dignes de leur nom et de leur passé ; elles ont montré que les convictions font le courage.

Je vais te tracer rapidement l'emploi de notre journée. Le matin, lever à volonté jusqu'à six heures et demie ou sept heures ; café noir dans les chambrées ; exercice ; à neuf heures, déjeuner ; liberté jusqu'à midi et demi ; exercice jusqu'à trois heures ; à quatre heures, dîner et liberté jusqu'à huit heures et demie, souvent jusqu'à dix heures. Je t'assure que les hommes sont disciplinés ici ; on a chassé du corps tous ceux qui ne valaient rien, à peu près deux cents. Le soir, nous avons à neuf heures la prière à la chapelle, avec une petite instruction. Tu vois que tout va bien.

Adieu, chère Maman, je t'embrasse affectueusement ainsi que tous ceux que j'aime. Je vais dîner en ville avec M. de Bourbon et quelques amis. Adieu.

LUCIEN.

Le Mans, 17 octobre.

Chère Maman,

J'ai aujourd'hui un moment libre pour t'écrire, Je suis très-étonné de ne pas recevoir de lettre de toi ; je ne sais vraiment que penser de ce silence. Tu m'avais promis cependant de m'écrire souvent. Qu'y a-t-il de nouveau à Saulcet depuis mon départ ? Je serais presque tenté de demander des nouvelles de la guerre, quoique plus rapproché du théâtre de la lutte, car depuis que je suis ici je n'ai pas lu les journaux.

Au moment où je t'écris, j'entends le clairon dans la cour ; ce sont nos braves zouaves, glorieux débris de la bataille d'Arthenay, qui reviennent. Ils sont noirs de poudre, plusieurs boitent, ils ont tous l'air fatigués ; mais malgré cela on lit sur leur figure l'énergie et le courage qui les a distingués. Voilà la gloire, ils se sont battus pour la patrie, ils ont fait leur devoir sans compter sur la république, qu'ils ne défendaient pas à la vérité. Un d'eux me raconte qu'à cette bataille où ils ont été décimés, ils ont soutenu seuls, au nombre de deux cents, le choc de quatre mille Prussiens ; les mobiles s'étaient cachés dans un bois, et les soldats de ligne prenaient courageusement la fuite. Quand les mobiles ont vu le courage des zouaves, ils sont venus se joindre à eux, et se sont vigoureusement battus. Les zouaves ont protégé la retraite et se sont retirés les derniers. Eh bien ! ils n'ont eu presque pas de morts ou de blessés ; treize seulement sur deux cents, aucun chef touché. C'est une preuve que Dieu protége ceux qui défendent les causes justes et légitimes.

Adieu, chère Maman, je t'embrasse de tout mon cœur ainsi que Maurice et mon grand-père. Tout à toi de cœur.

LUCIEN,

ZOUAVE PONTIFICAL.

Le Mans, 18 octobre 1870.

Chère Maman,

Je n'ai que le temps de t'écrire que je vais bien. Je viens de recevoir ta lettre après six jours d'attente, c'était long ! Je vous embrasse tous, même ce pauvre *Penn chéri*.

J'ai du chagrin de vous avoir quittés ; mais je ne regrette pas mon engagement. Je suis heureux d'être zouave ! Je rentre mon chagrin, et je ne pense qu'au plaisir de nous revoir. Ecris à l'abbé que je lui écrirai aussitôt que je pourrai. J'embrasse mon grand-père ; mille choses à tout le monde de Bellecour.

LUCIEN,
ZOUAVE PONTIFICAL.

P. S. Je viens de voir notre colonel, M. de Charette, pour la première fois ; il m'a très-bien accueilli.. J'ai M. Ferdinand de Charette pour lieutenant, et M. Bouquet des Chaux, de Cusset, pour sous-lieutenant.

Le Mans, 19 octobre 1870.

Chère Maman,

Nous sommes consignés à la caserne, parce que les Prussiens sont signalés à dix lieues. Ce ne sera peut-être qu'une alerte. Prie pour moi. Je ne sais si tu recevras ce petit billet, parce qu'on dit les communications coupées.

Je t'embrasse,

LUCIEN.

Le Mans, Jeudi, 20 octobre 1870

Chère Maman,

Rien de nouveau ; ce n'était hier qu'une alerte fausse, et aujourd'hui nous avons fait six heures d'exercice. Nous nous sommes exercés aux manœuvres des combats, et M. de Charette nous a dit avec un ton énergique qu'il n'avait jamais l'habitude de se replier devant l'ennemi. C'est beau !

Je reçois à l'instant une lettre de ma tante qui me recommande un jeune homme. Hélas ! il est le seul. Tu devrais faire prêcher la croisade dans notre pays. Il est le seul qui n'envoie pas de représentants à l'armée de la foi et des croyances. M. du Ranquet part ce soir pour essayer de gagner quelques âmes généreuses et de dévouement.

Je ne vais pas mal, quoique un peu maigre, ce qui n'est pas étonnant. Le service de la poste se fait très-mal ; j'ai reçu ce matin deux lettres de toi à la fois, et toi, tu ne reçois peut-être pas les miennes. Cependant depuis mon départ je n'ai manqué que deux jours à t'écrire quotidiennement. C'est inconcevable.

Je n'ai pu aller à Tours, parce que c'est vingt-quatre heures d'absence, et qu'on accorde difficilement ces permissions. Je n'aurai peut-être pas assez d'argent pour mon armement, il me faudrait encore une centaine de francs ; mais je n'en veux pas davantage. Il y a si grand désordre dans toutes les administrations, qu'on nous fait changer de costume à tort et à travers.

La vie de garnison m'ennuie un peu, j'aimerais mieux être en campagne. Nous ne vivons pas ici, tellement nous nous ennuyons.

Ton fils qui t'aime,

LUCIEN.

Le Mans, 21 octobre 1870.

Je viens enfin d'être habillé ! Je ne suis pas trop mal en zouave ; car on nous a conservé l'ancien costume, qui est beau. Je ferai mon possible pour me faire photographier.

Je ne vais pas trop mal. Adieu, je vous embrasse tous affectueusement.

LUCIEN.

Le Mans, 22 octobre 1870.

Je t'écris les mains toutes dégoûtantes et toutes noires, avec un affreux mal de tête, parce que pendant deux heures j'ai astiqué mes armes, qui en avaient grand besoin. Tu ne saurais croire combien je m'ennuie de cette vie de garnison ; on ne sait que faire pour se désennuyer. Le temps me tarde de partir en campagne. J'ai voulu aller à Tours passer une journée ; on m'a refusé la permission, en me disant que ce jour-là il pouvait y avoir une alerte et que l'on serait obligé de partir en hâte.

Adieu, je vous embrasse tous affectueusement.

LUCIEN.

Le Mans, 24 octobre 1870

Chère Maman,

Je n'ai pu t'écrire hier soir parce que je suis resté toute la journée planton chez le colonel de Charette. Aujourd'hui je ne puis t'en écrire davantange, parce que j'ai couru toute la journée. J'irai demain à Tours pour vingt-quatre heures, à moins que les Prussiens, que l'on dit tout proches, ne coupent le chemin de fer. On parle de nous faire retirer à Nantes ou à Rennes.

Adieu, je vous embrasse affectueusement.

LUCIEN

25 octobre 1870.

Bonjour et adieu, Je n'ai que le temps de te dire ces deux mots. Il est cinq heures passées, je vais dîner avec quelques-uns de mes amis.

Je vous embrasse tous. A demain. As-tu reçu ma photographie ?

LUCIEN.

Tours, 26 octobre 1870.

J'ai couché ici, je vais voir M. Diard ; je n'ai que vingt-quatre heures de permission.

Je vous embrasse.

LUCIEN.

Le Mans, 28 octobre 1870.

Je t'écris ce soir ces quelques mots avant d'aller m'étendre sur ma paillasse. Je suis dans une espèce de salon à journaux et de lecture, improvisé pour nous par les pères jésuites. Nous pourrons y rester jusqu'à dix heures, et comme c'est notre caserne, nous n'avons pas beaucoup de chemin à faire pour aller nous coucher.

Nous avons fait aujourd'hui une promenade militaire pendant quatre heures. Nos éclaireurs étaient en tête avec le colonel de Charette ; nous étions au moins mille. Tout le monde nous admirait dans les rues de la ville, et nous faisions contraste par notre bonne tenue avec les autres troupes qui chantaient *la Marseillaise*, et hurlaient je ne sais quelles bêtises. Nous avons ensuite fait la petite guerre et nous sommes revenus à cinq heures. Je ne suis pas trop fatigué, et j'ai dîné de très-bon appétit. Je ne pourrai peut-être pas t'écrire demain, parce que je vais au corps de garde pour vingt-quatre heures.

Adieu, mille baisers.

LUCIEN.

J'embrasse aussi mon pauvre Penn.

Le Mans, 29 octobre 1870

Chère Mère,

Nous allons à une heure en promenade militaire pendant cinq heures au moins. Ce sera superbe ? nous aurons nos éclaireurs à cheval en tête. Ce sera peut-être un peu fatigant ; mais enfin !...

Adieu, je pars, sac au dos, pour la promenade militaire.

Je vous embrasse.

TON LUCIEN.

Le Mans, 30 octobre 1870.

Chère Maman,

Je suis au corps de garde pour vingt-quatre heures. Je viens de monter la fonction pendant deux heures, et j'en ai encore trois heures de suite. Il ne fera pas chaud ; mais j'ai un bon manteau et ma couverture. On parle toujours de notre départ ; mais il n'est pas encore fixé. J'ai vu ce matin Xavier Chaboissier et M. de Provenchère. M. Teillard est engagé dans les zouaves de Cathelineau.

Nous avons eu ce matin une messe en armes superbe. Mgr Daniel, l'aumônier en titre des zouaves, arrivait de Rome, et nous apportait la bénédiction du Saint-Père. Nous étions là plus de mille soldats en armes, genou à terre. Tout le monde était ému en entendant les paroles du saint Pontife à notre égard. Ensuite on a chanté d'ensemble un *Magnificat*. Je ne connais rien de plus imposant.

Adieu je retourne à la garde, et je vous embrasse tous affectueusement.

Tout à tous.

LUCIEN.

Le Mans, 1er novembre 1870.

Chère Maman,

Je n'ai pu t'écrire hier, parce que j'ai été pris toute la journée. Adieu, l'appel sonne. Je vais à la messe. Je t'embrasse.

1er *nov., soir.* — Je n'ai pas reçu de lettre de toi de deux jours, c'est bien étonnant. Je crois que c'est la faute de notre vaguemestre ; j'espère en avoir trois demain matin. Nous avions messe en armes ce matin ; je faisais partie des compagnies armées. Demain autre messe en armes et grande promenade militaire.

Que te dirai-je de nouveau ? Je ne sais rien. La nouvelle de la capitulation de Metz a produit ici comme partout, je crois, une triste impression. On est un peu découragé d'aller se battre dans ces conditions-là. On a l'air de se battre *pour le roi de Prusse*. Espérons cependant que non. R. de Vaublanc part demain pour aller contre les Prussiens, peut-être ne tarderons-nous pas à le suivre ; le temps m'en tarde ; la vie de garnison est furieusement ennuyeuse.

Adieu, je t'écris à la hâte dans un café.

Je vous embrasse tous.

LUCIEN.

Le Mans, 2 novembre.

Chère Mère,

Je ne peux t'écrire que deux mots ; nous arrivons à l'instant de faire, quatre heures sac au dos, des exercices militaires de campagnes. Je ne suis pas précisément fatigué ; mais j'ai un pied un peu écorché par mon soulier. Mon grand-père me demande le nombre de notre petite armée. Nous sommes onze ou douze cents. C'est superbe, comme tu vois, et nous continuons à avoir quinze ou vingt engagements par semaine, quelquefois plus. Tous veulent se battre le plus tôt possible. Nous avons le chassepot et quatre-vingt-dix cartouches prêtes à entrer dans le corps de ces mécréants. J'ai vu ici notre aumônier, le P. de Gerlache ; c'est un excellent homme.

Adieu, je vous embrasse tous comme je vous aime.

LUCIEN.

Le Mans, 3 novembre 1870.

Chère Maman,

Nous avons eu aujourd'hui une journée superbe ! Ce matin nous avons assisté à une messe militaire en l'honneur de l'anniversaire de la bataille de Mentana. Nous avons eu un très-beau sermon, où l'on nous a dit que nous serions peut-être les sauveurs de la France. Nous verrons si cela sera vrai. Notre colonel, M. de Charette, est désireux de nous voir formés pour nous envoyer contre les Prussiens. Mais on craint aussi qu'en attendant plus longtemps on ne puisse arriver avant la fin. Tout le monde s'attend à la paix maintenant ; du reste il y a une chose bien positive, c'est que, la guerre finie, nous servirions à défendre l'ordre et la justice. Nous y comptons tous ici, et moi tout le premier ; nous nous battrons plus alors que contre les rouges et les gueux qui voudraient faire leur proie de la France.

Nous avons fait une promenade militaire de quatre heures avec exercice de campagne ; c'est pour nous préparer aux futures luttes sérieuses que nous aurons à engager.

Je reçois tes lettres très-inexactement toujours.

Adieu, je vous embrasse comme je vous aime.

LUCIEN.

Le Mans, 4 novembre 1870.

Chère Maman,

Au moment où je t'écris, une foule d'engagements se font au bureau. Vingt-cinq hier, trente ce matin, et cette après-midi, il est venu toute une compagnie de gardes mobiles au nombre de cent qui s'est fait inscrire. On en attend demain deux cents qui viendront joindre leurs camarades ; aussi, tu le vois, nous nous formons tous les jours de plus en plus, et pendant que certaines gens veulent nous *cracher à la figure*, d'autres, plus patriotes et plus généreux, s'unissent à nous. Tous les jours on fait des exclusions du corps ; car, comme partout, il y a des canailles. Je trouve qu'on reçoit les engagements trop facilement.

On parle d'un armistice de vingt-cinq jours entre les belligérants ; si par hasard on le conclut, je tâcherai d'obtenir la permission d'aller passer quelques jours près de vous ; mais tout cela est incertain, malheureusement.

Adieu, je vous embrasse mille fois.

LUCIEN.

Le Mans, 5 novembre

Chère Maman,

On vient de transporter à l'hôpital un pauvre diable mort très-subitement ; il s'était engagé seulement ce matin. Nous avons fait aujourd'hui toute la journée le tir avec les armes à feu pour nous préparer ; nous partons, en effet, lundi ou mardi au plus tard. Pour aller où ? Nous n'en savons rien. Les uns disent que c'est pour camper, d'autres pour nous mesurer avec ces gueux de Prussiens. Je fais partie du 1er bataillon, je partirai donc des premiers ; mais ne sois pas inquiète, Dieu me protégera, et je ne me laisserai pas faire comme cela, je ferai payer cher la moindre écorchure faite à ton fils. Donc, ne t'inquiète pas, aie confiance comme tu l'as ordinairement. D'ailleurs, nous ne nous battrons peut-être pas, puisque l'on parle d'armistice. A la grâce de Dieu !... Je t'écrirai aussitôt que nous serons arrivés pour te donner ma nouvelle adresse. Demain je te dirai brièvement à quand notre départ, s'il est décidément fixé.

Adieu, je vous embrasse tous.

LUCIEN.

Le Mans, 6 novembre (matin).

Chère Maman,

Je viens te dire un petit bonjour sous enveloppe. Je n'ai qu'une seule photographie à t'envoyer, elle est ci-jointe. Je ne me porte pas trop mal, malgré le mauvais temps que nous avons ici, et qui est fort ennuyeux pour plusieurs raisons ; d'abord parce que l'on risque fort de s'enrhumer, ensuite parce que l'on se crotte beaucoup, et qu'il faut nettoyer ses chaussures soi-même ; c'est ce qui me rend la vie de garnison insupportable ; en campagne on ne fait pas attention si l'on est propre ou sale ; aussi depuis que je suis engagé, je n'ai pas eu le courage de cirer mes souliers ; il faudra pourtant bien que je m'y résigne. On parle toujours de notre départ du Mans ; mais il n'y a encore rien de décidé. On nous interdit toute sortie de la ville. M. du Ranquet est arrivé.

Adieu, chère maman, je vous embrasse tous affectueusement.

LUCIEN.

Le Mans, 6 novembre (soir).

On ne nous a pas encore officiellement annoncé notre départ pour demain lundi ; mais tout fait pressentir qu'il ne peut tarder d'être fixé. On nous a distribué, à ceux qui doivent partir, les objets de campement, et l'on nous a invités à nous fournir de suite de tout ce qui pourrait nous être nécessaire. Nous sommes tous prêts ; il ne nous manque que de mettre sac au dos.

Adieu, chère maman, je vous embrasse comme

je vous aime. Je t'écrirai demain, si je le puis, et tâcherai de te donner des renseignements plus précis sur notre départ. Si tu n'en reçois pas c'est que cela m'aura été impossible, et que nous serons partis. On parle toujours de Nogent-le-Rotrou comme notre destination.

LUCIEN.

Le Mans, 7 novembre 1870.

Nous ne sommes pas encore partis ; on dit que ce sera pour demain. Nous devions faire une promenade militaire aujourd'hui. Tout le régiment était sorti en ville, lorsque le colonel de Charette est venu nous faire rentrer à la caserne. Nous avons passé notre journée à faire l'exercice du campement avec les tentes ; on nous a dit de nous tenir prêts à partir, et je pense que cela ne peut tarder de plus de vingt-quatre heures.

Un de mes amis d'Iseure, de Valois, vient de s'engager ce soir ; mais on l'a placé dans le 3e bataillon, qui restera au dépôt.

On vient de me dire à l'instant que nous partirons demain mardi à huit heures du matin. Je n'ose l'espérer ; enfin je tâcherai de t'écrire.

Adieu, je vous embrasse tous affectueusement. Priez pour moi.

LUCIEN.

Adresse toujours tes lettres au Mans, seulement ajoute : (1er bataillon, 4e compagnie.)

Le Mans, mardi 8 novembre.

Nous partons dans trois heures. Pour où ? On ne nous l'a pas dit. On ne nous le dira peut-être que lorsque nous serons en route.

Adresse tes lettres au Mans, avec l'adresse que je t'ai donnée ; elles m'arriveront. Prie bien pour moi, avant peut-être deux jours nous nous serons mesurés avec les Prussiens du côté de Nogent-le-Rotrou. Nous partons à peu près neuf cent cinquante sur quatorze cents.

On m'a dit hier que probablement on allait appeler la classe de 1872, par conséquent celle de Maurice ; si cela se réalise, et qu'il soit obligé de partir, envoie-le ici au dépôt ; mais M. du Ranquet lui recommande de venir avant qu'il ait reçu son appel sous les drapeaux, après la conscription.

Espérons que d'ici là tout sera fini ; nous partons pleins d'un enthousiasme indescriptible. Tu ne te fais pas une idée de la joie qui règne en ce moment à la caserne. Il ne manquait que notre présence pour faire tourner la fortune. Nous verrons !

Le P. de Gerlache est l'aumônier de notre bataillon, et le P. Doussot, dominicain, est celui du 2e.

Adieu, je vous embrasse tous. Je vous écrirai quelques mots quand je pourrai, probablement sous la tente.

LUCIEN.

P. S. **M.** de Charette part avec nous, et le général de division du Mans a voulu à toute force nous suivre, n'ayant de confiance qu'en nous.

Le Mans, mardi soir, 9 heures.

Chère Maman,

Deux mots seulement, nous partons cette nuit à minuit pour Nogent-le-Rotrou, en chemin de fer. De là nous irons, à pied, coucher à Châteaudun, sous la tente. Jeudi matin, très-probablement, nous aurons commencé le feu contre les Prussiens, et à l'heure où tu recevras ma lettre, nous serons, sans doute, ou vainqueurs ou battus... *Tous mes papiers sont en règle...* Prie pour moi, et espère... Ma mission ne fait que commencer, elle sera peut-être rude ; mais enfin le salut du pays l'exige. Je me bats pour la France, pour la France qui a des convictions et des principes. Dieu fera le reste.

Nous partons douze cents, une petite armée de vrais soldats qui vendront chèrement leur vie. Je ne sais si je pourrai t'écrire demain ; j'essaierai, ne serait-ce que quelques mots.

Adieu, adieu, pensez à moi me battant toute la journée pendant que vous êtes auprès d'un bon feu. Je suis plein d'enthousiasme, mais d'un bon enthousiasme... Fais prier pour moi à Saulcet.

LUCIEN.

Je vous embrasse tous comme je vous aime. Il est neuf heures, je vais essayer de reposer un peu jusqu'à minuit sur ma paillasse (1).

La Bazoche, mercredi 9 novembre.

Nous avons fait hier huit à neuf lieues à pied, sac au dos; nous partons ce soir pour Châteaudun, c'est-à-dire à huit lieues d'ici; demain nous serons éreintés comme nous le sommes aujourd'hui. Nous n'en pouvons plus. Nous avons couché sous la tente la nuit dernière; nous y coucherons encore la nuit prochaine.

(1) A partir de ce jour, toutes les lettres de Lucien furent écrites au crayon; quelques-unes sont presque illisibles.

Adieu, je vais chercher à manger dans toutes les maisons. Je vous embrasse tous.

LUCIEN.

Châteaudun, 11 novembre 1870.

Chère Maman,

Nous sommes arrivés hier soir ici à neuf heures complètement éreintés ; nous avons fait vingt lieues en deux jours, avec la pluie sur le dos. J'ai pu aller coucher dans un lit en ville, pendant que les autres couchaient sur la paille dans une église.

Nous partons, les quatre premières compagnies du 1er bataillon, comme avant-garde, a trois heures ; les autres viendront nous rejoindre demain. A la grâce de Dieu !... Hier soir, une heure après notre entrée à Châteaudun, cinq cents Prussiens sont venus derrière nous, sur la route, s'informer de notre nombre. C'est affreux de voir les ravages qu'ils ont fait ici ; la moitié de la ville est en ruines,

Adieu, je vous embrasse mille fois.

LUCIEN.

Chère Maman,

Nous sommes ici en avant-garde à une lieue et demie de Châteaudun, à quinze d'Orléans et et de Chartres. Nous sommes seulement deux compagnies, c'est-à-dire cent quarante hommes. Nous avons passé la nuit dans une grange ouverte à tous les vents, entre deux superbes châteaux, et au milieu des bois et des prairies ; c'est le site le plus beau que j'aie jamais vu. C'est sur les bords du Loir.

Toute la nuit nous avons fait des patrouilles. Nous avons confectionné nous-mêmes notre ordinaire, qui a été succulent. Des poulets, du lard. du lait et du cidre... Nous partons, d'ici ce soir ; d'autres compagnies viendront nous remplacer, ou peut-être partirons-nous tous ce soir pour une autre destination, Orléans ou ailleurs. Le temps nous tarde de nous reposer.

Adieu mille baisers.

LUCIEN.

B is de Bonneval.

Chère Maman,

Je t'écris, quoique étant de faction dans un bois, appuyé sur mon chassepot. Nous n'avons pas encore vu les Prussiens. Notre régiment est en avant-garde pendant que le reste de l'armée s'amuse comme si l'ennemi était loin. . Je vois de mes yeux ce qu'est l'armée française. C'est pitoyable ! ils crient comme des enragés, ne s'inquiètent pas de l'ennemi, et se laissent surprendre à chaque instant. Nous avons fait des patrouilles toute la nuit, et couché à la belle étoile dans la fôret ; la nuit prochaine sera de même.

En revanche, nous mangeons on ne peut mieux ; les habitants nous apportent tout ce qu'ils ont sans vouloir être payés, et nous faisons la corvée nous-mêmes. Nous mangeons des poulets, des lièvres toute la journée. Néanmoins tout cela ne vaut pas le toit de famille. Nous manquons d'eau ici ; nous sommes sales à faire peur. Je ne me suis pas lavé depuis quatre jours. Je ne vais pas trop mal. Point de vos nouvelles depuis le Mans ; cependant je vous écris tous les jours.

Je vous embrasse.

LUCIEN.

Il fait un froid de loup !

Bois de Bonneval, Dimanche 13 novembre.

Chère Maman,

Nous sommes partis à la recherche des Prussiens ; ce matin ils étaient à quatre lieues.

Nous sommes près de douze à quinze mille hommes, artillerie, cavalerie, etc., campés dans les bois, attendant les Prussiens ; s'ils ne viennent pas ce soir, nous les attaquerons demain matin ; ils sont à un quart de lieue de nous.

Je n'ai pas de vos nouvelles depuis que j'ai quitté le Mans. Je suis très-ennuyé de cela.

Je vous embrasse. Priez pour moi.

LUCIEN.

---

16 novembre, Bois des Coudrots.

Chère Maman,

Rien de nouveau ; nous sommes toujours dans les bois, où nous nous ennuyons toujours. Quand donc tout cela finira-t-il ?

J'ai reçu hier ta lettre du 8 et celle du 10. Le soir j'ai reçu celle du 12.

Je vous embrasse.

LUCIEN.

P. S. On dit les Prussiens tout près de nous : tant mieux, plus tôt nous les battrons, plus tôt nous aurons fini.

Bois des Coudrots, vendredi 18 novembre.

Chère Maman,

J'ai reçu hier soir deux lettres de toi, une du 15 et l'autre du 14. Nous n'avons pas changé de place ; nous avions reçu hier soir l'ordre de partir ce matin à cinq heures, et à trois heures on a donné contre-ordre. Les Prussiens sont à une heure et demie d'ici ; ils n'osent approcher ; ils nous ont surnommés depuis le combat d'Arthenay, où nos zouaves se sont distingués, *les hirondelles de la mort*. Le temps nous tarde de nous mesurer avec eux ! Ce sera bientôt, je l'espère.

Tranquillise-toi, les zouaves souffriront moins que les autres troupes, parce que leur mission est de retourner à Rome. Nous occupons ici une position stratégique fort bonne, en tenant les Prussiens entre deux feux.

Tu me dis que tu ne reçois plus l'*Union* ? Parce que sans doute l'abonnement est terminé; il faut le renouveler, tu sauras de mes nouvelles ainsi indirectement, et je serais heureux de ne pas cesser mes relations avec cet estimable journal.

Je vous embrasse.

LUCIEN.

Bois des Coudrots (samedi).

Nous arrivons d'une chasse aux Prussiens à Bonneval ; il n'y avait personne. Hier, dans la journée, nous avons failli nous battre. Entendant le canon d'ici, on nous a fait partir en toute hâte. Trois cents Prussiens, avec des canons, avaient voulu attaquer Bonneval, où il y avait quinze cents Français ; ils ont été repoussés sur toute la ligne, et nous sommes arrivés trop tard pour concourir au succès de l'affaire. Ce sera pour plus tard.

Je vous embrasse.

LUCIEN.

Bois des Coudrots (dimanche).

Chère Maman,

Nous revenons de la messe dans un village des environs; nous devions partir ce matin, mais un nouveau contre-ordre est venu nous faire rester encore jusqu'à nouvel ordre. Que c'est ennuyeux de mener cette vie de sauvage dans les bois ! On perd toute idée de la civilisation. Avant-hier on nous a envoyés, quatre ou cinq compagnies, pour poursuivre les Prussiens, qui étaient venus à Bonneval, près d'ici ; ils voulaient reprendre un neveu de Bismark, blessé et fait prisonnier ; les habitants de Bonneval ont fait dire que si un seul obus prussien était lancé sur la ville, ils tordraient le cou au jeune homme. Hier nous étions encore à Bonneval à six heures du matin ; nous avons vu passer trois Bavarois qui s'étaient rendus, ne voulant plus se battre ; ils ont dit que plusieurs de leurs camarades ne tarderaient pas à les suivre.

Aujourd'hui ou demain, il nous arrivera cinq

cents autres zouaves du dépôt du Mans. C'est superbe ! Nous serons alors quinze cents à seize cents, avec quatre pièces d'artillerie qu'on doit nous donner; nous allons faire des merveilles... De tous côtés, dans les villages, on nous accueille les bras ouverts.

Adieu, je t'embrasse.

LUCIEN.

P. S. Tâche donc de m'envoyer des gilets de laine.

Bois des Coudrots, lundi 21 novembre.

Nous sommes toujours dans les mêmes bois à nous ennuyer affreusement. Rien de nouveau. Je ne me porte pas mal. J'ai reçu hier soir ta lettre du 17. Tout ce que tu me dis sur Saulcet m'a fait plaisir. Je suis sensible à l'intérêt que me portent nos braves gens, remercie-les.

Le temps me tarde de combattre. Je pense

qu'une grande bataille très-importante se livrera un de ces jours dans les plaines de Chartres. Ici nous avons des troupes considérables prêtes à donner la main à l'armée de la Loire. Il est bien entendu que nous participerons pour une large part au succès qui ne peut manquer d'arriver, grâce à Dieu.

Je vous embrasse tous. Nous allons à l'exercice de tirailleurs dans les bois.

LUCIEN.

Bois des Coudrots, mardi, 3 h. 1/2, 22 nov.

Chère Maman,

Nous sommes depuis dix heures du matin, sac au dos, sous la pluie, prêts à partir. Nous devions aller à Orléans, où il fallait être demain à midi (quatorze à quinze lieues de marche); nous attendons l'ordre du départ qui est donné, puis un contre-ordre change tout, et nous fait rester encore sous la pluie. Que tous ces préliminaires de départ sont ennuyeux ! Il y a huit jours que nous campons ici dans les bois ; nous sommes tous ennuyés de cette inaction qui est beaucoup plus fatigante qu'une marche. Nous sommes sous la direction de généraux qui ne savent que faire de nous. Ils veulent tous nous avoir avec eux. Un jour nous faisons partie de l'armée de la Loire, et le lendemain, nous apprenons que nous sommes placés dans celle de l'Ouest. Tout cela prouve que l'on a confiance en nous, et qu'on espère beaucoup de notre corps ; mais il est très désagréable d'être ainsi dans cette alternative continuelle. En ce moment je t'écris sur mes genoux, je suis sentinelle avancée pendant deux heures. La pluie a un peu cessé. Je voudrais bien partir ce soir avec le beau temps.

Je vous embrasse tous.

LUCIEN.

Bois des Coudrots, près Châteaudun, mercredi

Chère Maman,

Nous ne sommes pas encore partis ; on nous a fait refaire nos tentes hier soir pour coucher, et, ce matin, on ne parle pas de départ. Quand donc finira cet état de monotonie ? Si cela continue, je crains que les maladies ne se mettent dans le camp ; l'humidité concentrée dans les bois rend l'atmosphère très-malsaine ; aujourd'hui nous sommes tous éreintés complétement. Tu ne peux t'imaginer combien nous nous ennuyons ici. Comme il pleut presque toute la journée, on est obligé de rester sous la tente, où l'on est tellement serré, que l'on ne peut se remuer. Puis il y a les corvées, chose plus désagréable encore ; corvées d'eau, corvées de bois, corvées de viande, corvées de pain, etc. ; et il faut aller chercher tout cela à deux à trois kilomètres, et après, le porter. Nous avons, en plus, deux heures de faction dans la nuit, et deux heures dans le jour ; là, encore, il faut souffrir ! surtout quand on est sentinelle avancée ; la nuit, on est mouillé par la pluie, et comme ma compagnie est aux avant-postes, on est obligé d'ouvrir les yeux et les oreilles pour prévenir toute attaque.

Notre vie n'est donc pas très-gaie, et il faut le courage que nous avons tous pour supporter tout cela. Nous ne demandons qu'à aller nous battre.

Je crois décidément que nous faisons partie du 17e corps d'armée, commandé depuis hier par le général de Sonis, qui a écrit à notre colonel une très-belle lettre où il lui dit qu'ils se battent pour les mêmes idées et les mêmes sentiments.

Ce qui fait qu'on nous laisse ici, c'est que nous occupons d'excellentes positions dans les bois, pouvant donner la main à l'armée de la Loire, et placer ainsi les Prussiens entre deux feux.

Il y a une suite de la prophétie de Blois qui annonce un grand triomphe pour le 8 décembre. Espérons en la sainte Vierge. Une chose me fait trouver la vie du camp un peu dure, c'est la malpropreté obligée dans laquelle on vit ; nous sommes dégoûtants, on ne peut plus trouver d'eau pour se laver ; tu juges de notre aspect.

Au milieu de la bagarre causée pendant notre voyage du Mans à Châteaudun, j'ai perdu mon sac où étaient tous mes effets ; je crois qu'on me l'a volé ; j'en suis réduit (et il y en a beaucoup comme moi) à ce que j'ai sur le corps. J'attends avec impatience le jour où je pourrai acheter du linge de rechange dans une ville. Je n'aurai pas changé depuis mon départ. *Je ne me plains plus de ce que mes faux-cols soient mal repassés.* Mais tout cela est peu de chose ; je t'arriverai à Saulcet un peu déguenillé, ce sera un plaisir de plus de revenir.

Je t'embrasse affectueusement.

LUCIEN.

P. S. J'ai reçu une lettre d'Afrique de ce bon Manuel ; il a bien regretté de ne pas venir avec moi. Je n'ai pas le temps d'écrire à l'abbé Vacheron ; qu'il m'écrive quand même.

Bois des Coudrots, 24 novembre.

Chère Maman,

Nous sommes toujours dans les bois, campés en postes avancés, sous la tente. Nous avons un froid épouvantable, quand nous n'avons pas la pluie et l'humidité. Nous n'avons pas encore vu les Prussiens ; nous désirons toujours que ce soit le plus tôt possible, pour que la guerre finisse bientôt ; nous en avons tous assez. Je ne sais quand nous en verrons la fin, du train dont vont les choses. Tous les gens qui crient à tort et à travers qu'il ne faut pas se rendre, que la France peut encore se relever, tous ces gens-là devraient venir prendre notre place ici, et endurer tout ce que nous souffrons. Ils parlent au coin d'un bon feu, auprès d'une bonne table et d'un bon lit ; mais pour ceux qui voient les choses par leurs yeux, et comme elles vont, ceux-là comme nous sont découragés. La France est tombée à un degré si bas, qu'elle ne peut se relever seule. Il y a une chose à noter, c'est que depuis le commencement, ou au moins depuis la république, *qui, dit-on, fait naître des généraux*, il ne s'est pas montré un seul homme de génie. Donc, tout est perdu, c'est incontestable.

Je suis content d'avoir vu la réalité des choses ; on n'y croit pas quand on n'est pas sur les lieux ; on ne s'en fait pas l'idée. Nous avons ici une vie bien rude, plus rude peut-être que celle des autres troupes, parce que nous faisons notre devoir consciencieusement ; cependant je ne regrette pas mon engagement, j'ai appris que tout n'est pas couleur de rose. Mais je vois avec tristesse la guerre se prolonger indéfiniment. L'agonie de la France est longue !...

Je t'écris ces quelques mots dans un coin de ma tente sur la paille. J'ai fait cette nuit la faction dans les bois, de une heure à trois heures, et avec cette vie-là je ne suis pas trop fatigué. Je reverrai le pays avec plaisir ! Nous sommes ici tous disposés à bien nous battre, mais aucun ne peut se faire aux exigences du service ; cependant il le faut bien. Nous chassons quelquefois le chevreuil dans les bois, dans nos loisirs.

Je n'ai pas de vos nouvelles depuis longtemps. Pourquoi ? C'est triste ! je ne puis m'y faire. Recevez-vous mes lettres ? Je vous écris tous les jours.

On dit que nous partons ce soir du côté de Chartres.

Je vous embrasse tous.

LUCIEN.

Bois des Coudrots, 25 novembre.

Pas encore de nouvelles. Nous sommes toujours au même endroit, dans les bois. Rien de nouveau. Pas vu les Prussiens. Nous avons un froid épouvantable.

Ton tout éreinté,

LUCIEN.

Je vous embrasse. Adresse tes lettres au Mans.

Bois des Coudrots, 26 novembre 1870.

Chère Maman,

Nous avons eu hier une journée comme j'espère n'en revoir jamais plus. Nous sommes partis d'ici à sept heures du matin, et nous avons rejoint le reste de notre corps (trente mille hommes environ); nous avons passé à travers champs labourés, avec la pluie; ils étaient détrempés depuis huit jours. (Comme de juste les zouaves étaient à l'avant-garde.) Nous allions chercher les Prussiens qui étaient à *Brou.* Nous les avons rencontrés au village de Voyères. Nous avons soutenu les premiers feux de leur artillerie, qui n'était pas nombreuse (quatre ou cinq pièces seulement), mais qui était bien nourrie. Les obus et les bombes passaient au-dessus de nos têtes, et éclataient derrière nous. C'était effrayant! Les balles sifflaient! Notre colonel de Charette était impassible, fumant sa pipe à cheval..., riant avec nous... Les obus passaient auprès de lui sans lui faire de mal. Mon bataillon n'a eu aucun *blessé* ni aucun *mort*; mais le 2e qui venait derrière nous a été plus abîmé. Un pauvre sergent, M. de Saisy, a eu une jambe emportée et l'autre très-endommagée. Un capitaine a été grièvement blessé. En résumé, nous avons eu dans ce 2e bataillon onze ou douze blessés... Les autres troupes n'ont eu aucune perte, je crois. Notre artillerie qui avait quarante pièces, marchait admirablement ; c'était plaisir de l'entendre! Elle a fait cesser le feu de l'ennemi, qui a été obligé de reculer ; il était nombreux ; c'était l'arrière ou l'avant-garde d'un fort corps d'armée prussien que nous aurons peut-être à combattre un de ces jours. A la fin du combat, nous avons fait une petite charge à la baïonnette pour déloger l'ennemi du village. Nous sommes arrivés les premiers en avant. Les Prussiens étaient partis. Nous sommes allés de là jusqu'à Brou qu'ils occupaient ; nous y sommes entrés sans tirer un coup de fusil. Il était quatre heures du soir ; le combat avait duré deux petites heures. Le soir il nous a fallu repartir sans reprendre nos positions ici. Tu ne te fais pas une idée de notre retour pendant la nuit... Nous n'en pouvions plus ! Il y en avait qui se laissaient tomber dans les fossés le long de la route, complétement épuisés ! Moi j'ai eu le courage d'aller jusqu'au bout ; j'étais pourtant bien fatigué !

Nous sommes arrivés ici à une heure du matin; nous avions marché sans relâche depuis six heures du matin, près de *vingt-quatre heures*. Tu peux te figurer dans quel état nous étions tous. Nous avions fait cinquante kilomètres dans ce laps de temps. C'est énorme ! Je ne me croyais pas capable de marcher autant, j'en suis fier ! Je n'ai pas eu de mal, c'est l'essentiel. *Nous avons eu le baptême du feu!* mais ce qui était affreux, c'est que nous n'avons *pas mangé ni bu* de toute la journée. Le matin avant de partir on n'avait pas eu le temps de manger la soupe, et on ne s'est pas arrêté de la journée ; ceux qui avaient du pain étaient bienheureux ; mais le pain ne soutient pas beaucoup. En arrivant à Brou, quelques-uns ont pu trouver à boire ; mais la plupart étaient morts de soif en arrivant ici.

Tu le vois, nous avons joui de tous les plaisirs de la guerre. En arrivant nous nous sommes couchés, et le sommeil n'a pas été long à venir. Ce matin, je ne vais pas trop mal, sauf les pieds qui sont tout endoloris. Je me reposerai aujourd'hui, et demain je serai prêt à recommencer à me battre, mais non à marcher comme on nous l'a fait faire. Jamais troupe n'a marché autant que nous ; les soldats le disaient eux-mêmes, ils ne pouvaient plus nous suivre, et ils sont restés en arrière, eux, et les zouaves sont rentrés dans leur campement. Je suis étonné de n'être pas plus fatigué.

Adieu, je t'embrasse.

LUCIEN.

Dimanche, 27 novembre. Ozuère.

Chère Mère,

Nous sommes partis hier du bois des Coudrots à onze heures du matin ; nous avons couché toute la nuit dans la boue. Nous allons à Orléans nous joindre à l'armée de la Loire ; nous sommes quarante mille, nous avons cinquante à soixante pièces de canon et vingt mitrailleuses. Nous coucherons ce soir à Beaugency, et demain nous continuerons jusqu'à Orléans. Je suis fatigué comme les autres d'avoir passé une nuit sans dormir. Nous nous sommes arrêtés ici, dans un petit village pour manger ; nous repartons dans une heure.

Adieu, je t'embrasse.

LUCIEN.

P. S. Prie bien pour moi. On dit que nous sommes partis parce que nous étions cernés par les Prussiens. Réunis à l'armée de la Loire, nous pourrons frapper un grand coup. J'aurais cependant préféré ne pas faire seize lieues après en avoir fait autant la veille.

Saint-Laurent-des-Bois, lundi, 28 novembre.

Chère Maman,

Nous avons campé ici hier soir pour nous reposer ; nous sommes à cinq lieues de Beaugency, où nous allons coucher ce soir, à ce que l'on dit. La nuit dernière, passée sous la tente, nous a restaurés ; je suis prêt à marcher encore, seulement je voudrais bien ne pas me battre de deux ou trois jours, pour avoir le temps de me reposer davantage. Je ne sais pas pourquoi, mais j'ai grande confiance que le 8 décembre nous aurons un grand triomphe. La sainte Vierge voudra montrer sa reconnaissance à ce qu'il y a de catholique en France. Espérons! Je voudrais que le 9 décembre nous assistions à un *Te Deum* à Notre-Dame de Paris. Comme tu peux le penser, les zouaves seraient au premier rang. J'ai déjà invité quelques-uns de mes amis à coucher dans notre logement de la rue de Rennes. Pour cela prie beaucoup, et fais bien prier à Saulcet. Il y a beaucoup à faire pour sauver la France. C'est l'opinion de nous tous, qui voyons la situation telle qu'elle est.

Adieu, je t'embrasse.

LUCIEN.

Saint-Laurent-des-Bois, 29 novembre.

Chère Maman,

Nous devions partir aujourd'hui, et nous sommes toujours ici, à trois heures du soir. On dit que notre départ est fixé à demain. On parle beaucoup, à ce qu'il paraît, de notre conduite militaire au combat de Brou ; notre corps reçoit des félicitations de tous les côtés, à la place du mépris que l'on avait pour lui. Les autres soldats eux-mêmes ne veulent plus marcher qu'avec nous. C'est au point que, hier, on a fait partir un régiment d'infanterie de marine ; ils ne voulaient pas obéir, disant qu'ils voulaient rester près des zouaves, et ils ont été trouver le général, qui n'a pas pu céder à leur demande. Le colonel de Charette vient de recevoir le grade de général de brigade, et on lui a écrit de désigner ceux qu'il jugerait dignes de la décoration. Quant au corps, on vient de le désigner comme attaché à l'état-major général de l'armée, et nous sommes chargés de défendre l'artillerie.

Voilà ce que c'est que de faire son devoir ! Notre colonel a reçu le commandement d'un régiment des mobiles des Côtes-du-Nord avec le nôtre. Tout cela nous donne encore plus de courage, et nous montrerons à l'occasion que nous méritons tous ces éloges.

Adieu, je vous embrasse tous.

Je n'ai pas reçu de lettre de toi de quatre à cinq jours.

LUCIEN.

Coulmier, 1er décembre 1870.

Chère Maman,

Nous sommes campés ici depuis hier soir ; nous avons marché toute la journée sans être trop fatigués, seulement nous venons de passer une nuit exceptionnelle. Il fait un froid épouvantable; on grelottait sous la tente ! Ce matin nous avons du soleil qui va nous réchauffer un peu. Nous nous attendons à partir d'un moment à l'autre. Pour où ? nul ne le sait. On dit que ce sera peut-être pour Orléans ; je le voudrais, car le temps me tarde d'être dans une grande ville.

Je n'ai pas reçu de lettre depuis six jours. En recevrai-je encore ? et recevrez-vous les miennes.

Adieu, je t'embrasse. Prie pour moi.

LUCIEN.

Patay, 2 décembre, vendredi.

Nous avons couché hier soir à Sainte-Péravit, et nous partons ce soir pour aller à l'encontre de l'armée de Paris. Je viens de voir Henri aux hussards. Il part avant moi ce soir.

Adieu, je t'embrasse. Le canon gronde (1)... Priez pour m...

L...

Cette dernière lettre, écrite le 2 décembre au matin, n'arriva que le 8 à Saulcet : c'était le jour de la fête de l'Immaculée-Conception, et en même temps la clôture d'une neuvaine que le bon curé, qui aimait et admirait Lucien, avait fait faire à la chapelle de la Sainte Vierge ; on reçut ce même jour les détails des funestes combats du 2, et surtout de la valeureuse et sanglante charge des zouaves à Loigny : tous les journaux en étaient pleins, et donnaient à ce

(1) Les derniers mots sont illisibles ; car c'est à ce moment-là même qu'ils reçurent l'ordre du départ.

sujet des récits presque toujours inexacts, mais qui n'en remplissaient pas moins des plus douloureuses angoisses le cœur de la pauvre mère. Cependant Lucien, dans sa dernière lettre, disait qu'il ne devait se battre que le lendemain, et on pouvait espérer qu'il n'avait pas eu le dangereux honneur de se trouver dans la troupe décimée. Chaque matin on attendait une autre lettre qui n'arrivait jamais, et l'angoisse augmentait à mesure que se prolongeait ce lugubre silence ; les lettres, les recherches au dépôt de Poitiers n'avaient donné aucun renseignement plus précis que cette lettre du capitaine du Ranquet :

« Madame,

« Je voudrais pouvoir vous donner des nou-
« velles de M. votre fils, ainsi que je vous
« l'avais promis ; je n'ai pas pu m'en procurer ;
« cependant je puis vous dire que sa compa-
« gnie n'a pas donné tout entière : un homme
« le connaissant et appartenant à sa compagnie
« m'a dit ne pas savoir qu'il lui fût arrivé mal-
« heur ; si votre cher zouave avait été tué ou
« blessé, son camarade, je crois, l'aurait certai-

« nement su. J'espère donc, Madame, que son
« bon ange l'a gardé ; soyez assurée que je lui
« porte le plus vif intérêt, et que je serai bien-
« heureux d'avoir de ses nouvelles.

« Agréez, Madame, etc.

« J. DU RANQUET. »

Les jours se succédaient et n'apportaient aucune nouvelle. Enfin le 26 décembre, Mme Saulnier reçut la lettre suivante écrite par M. le curé de Tillay sous la dictée de Lucien :

Tillay-le-Péneux, 11 décembre 1870.

« Chère Mère,

« Je t'ai écrit déjà trois fois, je ne sais si mes
« lettres te sont parvenues : j'ai été blessé au
« combat du 2 décembre : une balle m'a tra-
« versé le bras droit et une autre le pied gauche.
« Comment cela tournera-t-il ; nul ne le sait :
« mais j'espère en vos bonnes prières. Je suis ici
« chez de bonnes gens qui me soignent du

« mieux qu'ils peuvent, mais si tu peux venir
« comme tu me l'avais promis, je serais bien-
« heureux. Tâche de trouver un moyen pour me
« répondre ; si Anatole peut t'accompagner, je
« lui en serai bien reconnaissant ; je compte
« sur vous ; je ne pourrai probablement pas
« bouger d'ici avant quinze à vingt jours. Tâche
« d'apporter avec toi quelque remède pour les
« blessures. J'espère que cette quatrième lettre
« te parviendra.

« Adieu, je t'embrasse affectueusement.

« Lucien SAULNIER. »

Madame Saulnier partit le 27 décembre pour Poitiers, et de là, après mille difficultés, elle arriva enfin le 4 janvier au village de Loigny : quel village ! ce n'était plus qu'un amas de ruines ; toutes les maisons en partie brûlées et détruites, les croix du cimetière brisées, autour du village une vaste plaine sans arbres, où avaient été enterrés et entassés des milliers de corps français et prussiens ; des nuées de corbeaux croassant jour et nuit et s'abattant sur ces champs : voilà ce qu'était Loigny au mois de janvier 1871 ! (1).

Mais reprenons le récit des faits qui se succédèrent depuis la blessure de Lucien (premier

(1) Loigny conserva ineffaçables, les traces de ce combat du 2 décembre 1870. Ce champ sera, dans tous les siècles, appelé champ des martyrs.

Dans l'immense plaine qui s'étend jusqu'à Arthenay, on voit, de distance en distance, des croix entourées les unes d'un petit mur, les autres d'une grille, etc. Ce sont des parcelles de terrain achetées par les parents qui ont pu découvrir l'endroit où avaient été ensevelis les leurs. Hélas ! combien peu ont eu cette consolation ! Un magnifique mausolée domine ce vaste champ. Il a été érigé par la jeune veuve d'un zouave, Mme de F.

Le 2 décembre 1871, jour anniversaire de la bataille, la plupart des mères, des veuves, des sœurs des zouaves morts au poste de l'honneur, se trouvaient réunies à Loigny comme si elles s'y étaient donné rendez-vous. Le général de Charette et de nombreux zouaves étaient aussi venus sur la tombe de leurs anciens compagnons d'armes rendre un pieux hommage à la vaillance de ces forts d'Israël, qui avaient donné leur vie afin de garder sauf l'honneur du nom français et du drapeau chrétien.

Le 2 décembre 1872 réunissait encore, au même lieu, une pieuse assistance ; et c'est ainsi que, chaque année, un groupe de fervents pèlerins viendront fêter cet anniversaire glorieux.

vendredi de décembre), jusqu'à sa mort (premier vendredi de février).

Le 2 décembre, au moment où Lucien terminait sa lettre à sa mère, on donna l'ordre de marcher sur Loigny. Tout le monde sait par quelles nobles paroles, en présence de la démoralisation de l'armée, le général de Sonis appela les zouaves et se mit lui-même à leur tête pour donner un grand exemple, malheureusement inutile, ou au moins sauver l'artillerie en retardant les mouvements de l'ennemi. La bannière du Sacré-Cœur fut déployée, et la légion chrétienne, accompagnée des mobiles des Côtes-du-Nord, ainsi que des francs-tireurs de Tours et de Blidah, s'avança aux cris de *Vive Pie IX! Vive la France!* en chantant ce chant des zouaves qui fit et fera encore trembler les ennemis de la France et de l'Eglise. (1) Oh! qu'il était beau notre drapeau,

(1) Au moment où le colonel de Charette cria *En avant, les zouaves du Pape* ! le commandant de Troussure se mit à genoux et demanda l'absolution à l'aumônier. M. de Charette descendit de cheval, se mit également à genoux, et la plus grande partie du régiment s'inclina avec lui. L'aumônier donna alors l'absolution à tous Aussitôt après la fusillade commença du côté de l'ennemi. Les balles pleuvaient de telle sorte, qu'instinctivement le premier rang

disait plus tard Lucien à sa mère : je ne voyais que lui ; et je marchais en le regardant : il me semblait qu'avec lui nous ne pouvions mourir ! » L'élan fut irrésistible ; attaqués à la baïonnette dans le petit bois où ils s'étaient retranchés, les Prussiens, épouvantés, s'enfuirent en poussant des cris de bêtes féroces : mais au-delà du bois ils purent compter leurs assaillants et revinrent à la charge plus nombreux que jamais : les zouaves, n'étant pas soutenus, durent reculer ; ils le firent pas à pas, sans cesser le feu, malgré la grêle de balles que l'ennemi faisait pleuvoir sur eux ; les deux tiers de la petite troupe restèrent sur le champ de bataille, mais l'armée et l'artillerie étaient sauvées.

Lucien tomba un des derniers, le pied gauche et le bras droit traversés par une balle. La nuit était venue, glacée, horrible ; la neige tombait et couvrait d'un immense linceul ce spectacle de mort. Voyant les Prussiens achever quelques malheureux blessés, Lucien n'osa faire aucun mouvement et invitait même un de ses amis,

des zouaves baissa la tête ; mais alors le colonel, de cette voix qui leur faisait affronter la mort, là comme en Italie, s'écria : « Les zouaves ne s'inclinent que devant Dieu, devant le Pape et devant le roi. »

gisant et gémissant à côté de lui, à imiter son exemple. Cependant, comme il perdait beaucoup de sang, il s'affaiblissait peu à peu, et finit par perdre connaissance ; quand il revint à lui, il se trouva appuyé contre un mur, et ne put se rappeler par qui ni comment il avait été placé là. Bientôt il fut recueilli et jeté avec beaucoup d'autres dans une bergerie du château de Goury où étaient déjà entassés près de trois cents blessés, agonisants ou morts. Ils restèrent vingt-quatre heures sans boire ni manger, et ce ne fut que le second jour qu'on leur porta un peu d'eau et de pommes de terre, sur lesquelles ils se jetèrent avec avidité.

C'est pendant cette douloureuse épreuve que Lucien fit le vœu, s'il retrouvait sa mère et s'il revoyait son pays, d'aller en pèlerinage, aussitôt qu'il le pourrait, à Notre-Dame-du-Sacré-Cœur, pour laquelle il avait une grande dévotion. Il fit cette confidence à sa mère, en recevant ses premiers embrassements, et ce qui toucha beaucoup la mère et le fils, c'est qu'ils avaient, chacun de leur côté, fait exactement le même vœu.

Les Prussiens, cependant, amenaient leurs blessés dans les ambulances qu'ils avaient établies aux environs ; mais les Français préféraient, en général, rester dans cette pauvre étable que d'aller se faire soigner au milieu de leurs ennemis. Enfin, le quatrième jour, on vit arriver la charrette d'un fermier des environs, M. Popot, qui, ayant été entièrement pillé par les Prussiens; s'était cependant senti assez de dévouement pour prendre et soigner chez lui, malgré ses propres malheurs, quelques-uns de nos blessés. Que d'admiration et de reconnaissance mérite une pareille générosité! la famille de Lucien ne l'oubliera jamais! Il ne pouvait prendre que six blessés, et chacun voulait être du nombre. Lucien suppliait qu'on l'amenât, mais le bon fermier reculait devant la gravité de ses blessures. Elles exigeaient des soins beaucoup plus sérieux que ceux qu'il lui paraissait possible de donner; le pauvre enfant, rassemblant alors tout ce qui lui restait de forces, s'élança sur la charrette, où il tomba évanoui: c'est ainsi qu'il fut transporté à la ferme de Champdoux. Que de soins, d'attentions, de bonté, de dévouement, les malheureux jeunes gens trouvèrent dans cette maison bénie. Notre cher blessé souffrait des douleurs intolérables de son pied broyé; mais au plus fort de ses souffrances, il ne regretta jamais ce qu'il avait fait; à une personne qui semblait s'apitoyer sur ces tristes conséquences de son héroïsme, il répondit : « Oh ! ce que j'ai fait, je ne le regrette pas, et je le referais même aujourd'hui où je souffre des douleurs atroces : n'est-ce pas à ceux qui ont de la foi et des principes de donner l'exemple aux autres ? »

Au milieu de mes plus fortes douleurs, disait-il un jour à sa mère, je mettais sur mon pied mon scapulaire du Sacré-Cœur : c'est ce qui m'a fait vivre jusqu'à ton arrivée. »

Le 17 septembre, le docteur Beaumetz, qui avait établi une ambulance au village de Loigny, vint visiter les blessés de Champdoux : il vit, du premier coup d'œil, la gravité des blessures de Lucien : l'officier de santé qui l'avait soigné jusque-là, n'avait pas cru devoir faire l'amputation du pied, et il s'y était formé un anévrisme qui pouvait être mortel : le docteur Beaumetz ordonna alors le transport immédiat à Loigny : le pauvre blessé se trouvait si bien chez Popot, qu'il ne voulait plus partir ; mais le docteur en fit une question de vie ou de mort, et Lucien voulait tant revoir sa mère !... La nuit même du jour où il fut transporté à Loigny, chez un paysan du village, l'anévrisme se rompit, et il fallut toute l'habileté du chirurgien pour sauver le malade : l'amputation devenant urgente, on le porta le lendemain au presbytère, où se trouvait le siége de l'ambulance, et où se faisaient les principales opérations. M. le curé de Loigny, dont le dévouement ne connut pas de bornes en cette circonstance, avait abandonné toute sa maison, se reléguant dans sa cave pour faire place à l'ambulance ; c'était là que le général de Sonis était soigné et avait été amputé : ce fut là que Lucien fut amputé lui-même. Il se confessa et se laissa endormir ; le pied fut coupé au-dessus de la cheville. Le général de Charette assistait à l'opération, et ne pouvait s'empêcher d'admirer le courage, la résignation du malheureux enfant qui, au moment de l'opération, joignit les mains et dit : *Notre Père...*

Tout avait parfaitement réussi, on ne redoutait plus aucun accident, et il semblait qu'on était à la veille de la guérison, lorsque la plaie du bras prit un aspect inquiétant ; il s'y forma des abcès, puis un érésypèle ; le docteur fut obligé de faire de larges incisions, et commença à craindre d'être obligé d'en venir à une nouvelle opération. Lucien souffrait comme un martyr : oh ! oui, comme un martyr, car dans ses grandes souffrances, il n'osait même pas se plaindre ; « Ah ! s'écriait-il parfois, si l'on n'avait pas la crainte d'offenser Dieu ! » Un jour, comme le docteur lui passait les sondes dans les plaies, l'excès de la douleur lui arracha cette exclamation : « Ah ! docteur, prenez garde ! » Le docteur l'encouragea en termes un peu brusques, et alors Lucien, croyant l'avoir fâché, lui dit aussitôt : « Je vous ai fait de la peine, docteur ? je vous en demande pardon. » Un des médecins, qui était protestant, aimait beaucoup Lucien, et admirait sa piété et sa résignation : « Cher enfant, lui disait-il, vous avez mis votre trésor là où vous le retrouverez toujours. »

Un soir, le docteur Brousse entra dans la chambre du malade : « Je vais, lui dit-il, vous annoncer une nouvelle qui vous fera bien plaisir. » Qu'est-ce donc qui pouvait faire le plus grand plaisir au pauvre blessé ? Il n'eut pas un moment de doute : sa mère venait d'arriver au presbytère : c'était le 4 janvier. Dirons-nous la joie de la mère et de l'enfant ? Il faut avoir souffert comme ils avaient souffert l'un et l'autre pour comprendre un pareil bonheur ! Hélas ! dans quel état Mme Saulnier retrouvait son fils ! Il était pâle, maigre, étendu sur une paillasse, sans matelas, sans draps : il y avait deux mois qu'il n'avait quitté ses habits, et sa chemise de laine était collée à son corps, Mme Saulnier avait apporté du linge et des draps qu'une amie lui avait donnés à Tours : on put se procurer nn matelas, et Lucien fut enfin couché dans un lit. A partir de ce moment il put aussi avoir une nourriture passable, du vin et des aliments fortifiants, de sorte qu'une amélioration sensible se manifesta dans l'état général ; mais le bras devenait de plus en plus malade, et le docteur Beaumetz déclara absolument qu'il fallait enlever les os du coude. Cette opération, beaucoup plus douloureuse que l'autre, eut lieu le 19 janvier, pendant que le général de Sonis, étendu lui-même au presbytère sur un lit de douleur, disait, avec Mme de Sonis, son chapelet pour le cher blessé : cette terrible opération dura trois mortels quarts d'heure, pendant lesquels on devait laisser éveillé de temps en temps le pauvre patient : le docteur fut admirable d'habileté, de sang-froid, de bonté, trouvant encore le temps d'encourager la mère qui priait avec ferveur, et le bon curé qui se trouvait là pour assister Lucien dans cette dangereuse épreuve. Les os furent sciés au-dessus et au-dessous du coude, et si habilement que Lucien n'était pas estropié ; il pouvait se servir de sa main et même remuer les doigts. Ce fut après cette opération que Lucien fit le vœu de donner à l'église de Loigny les statues du Sacré-

Cœur et du Cœur immaculé de Marie : elles ont été placées par le bon curé, dans cette pauvre église percée à jour par les boulets et les balles, et où on ne pouvait s'agenouiller que sur du sang.

Après cette merveilleuse opération, les souffrances disparurent complétement, et le docteur assurait que Lucien pourrait être transporté à Châteaudun dans douze jours. On entra alors dans une période qui laissa vraiment croire à la convalescence ; la mère et le fils faisaient des projets pour le retour ; Mme Saulnier avait écrit à Maurice et à M. l'abbé Vacheron d'essayer de traverser les lignes prussiennes pour venir les rejoindre à Châteaudun en apportant du linge, des provisions, dont ils avaient grand besoin. Peu à peu Lucien reprenait des forces, et sa gaieté charmait tous ceux qui l'entouraient ; tous l'aimaient, surtout le docteur Beaumetz, qui le soignait avec un dévouement tout paternel, et parut inconsolable de ne pas l'avoir sauvé ! Le pauvre mutilé plaisantait quelquefois avec sa petite jambe de bois qu'il voulait faite avec un arbre du bois de Loigny. Il lui restait pourtant un sentiment de regret en songeant qu'il ne pourrait suivre les zouaves à Rome. Le général de Sonis disait à Mme Saulnier, qui lui parlait des regrets de son fils : « Dites à Lucien que nous irons à Rome ensemble, et que je le prendrai pour mon officier d'ordonnance. » — « Hélas ! répondit Lucien à sa mère, je ne pourrai plus tenir un fusil ! » Et comme sa mère lui faisait remarquer que cela n'était pas nécessaire pour un officier d'ordonnance, il s'écria : « Ah ! ce n'est pas que je n'aie fait à Dieu le sacrifice de ma vie ! »

Chaque dimanche le cher blessé faisait la sainte communion ; le Dieu de toute consolation sortait alors de la pauvre église, allait d'abord visiter le général de Sonis au presbytère, puis venait fortifier Lucien dans la misérable chambre où il était étendu. Dans la nuit du samedi 28 au dimanche 29 janvier, Lucien commença à être un peu plus fatigué et fut obligé de prendre une potion, ce qui le contraria vivement, car il devait communier le matin même ; Mme Saulnier alla trouver le bon curé et lui dit le chagrin de son fils. Le saint prêtre lui répondit : « Consolez Lucien, demain je lui apporterai Dieu en viatique, quoiqu'il ne soit pas en danger de mort ; je puis le lui apporter une fois ainsi pendant sa maladie, et je le ferai demain, car il ne faut pas priver cet enfant de la sainte communion, dont il a un si grand désir ; et pour la fête de la sainte Vierge, je me lèverai à deux heures du matin, afin qu'il ne reste pas longtemps sans rien prendre. » Il reçut donc la sainte communion, le lundi 30 janvier, en viatique ; il n'était pas plus malade, mais se sentait très-faible. A dix heures, il fut subitement pris d'un frisson épouvantable qui dura jusqu'à midi. La fièvre fut violente, les remèdes la calmèrent, et le malade allait mieux le lendemain ; mais le mercredi, la fièvre revint, et avec elle, par moments, un peu de délire. Alors recommencèrent pour Mme Saulnier les cruelles inquiétudes, et comme M. le curé devait apporter Dieu à Lucien à deux heures du matin, elle le pria d'administrer à son fils les derniers sacrements, désirant qu'il les reçût avec toute sa connaissance. Le docteur voulait qu'on attendît, et il assurait à Mme Saulnier que le danger n'était pas imminent; mais une mère chrétienne, jalouse, avant tout, d'assurer le salut et les biens éternels, est récompensée de sa foi par des vues surnaturelles où le regard de la science ne pénètre point. A neuf heures du soir, Lucien, quoique constamment dans un demi-délire, se confessa très-bien ; il répondait parfaitement juste à tout ce qu'on lui demandait ; parfois il s'écriait : « Mon père, au ciel !... » Puis il reconnaissait sa mère et s'intéressait à ce qui se passait autour de lui ; on comprenait que ses grandes préoccupations étaient toutes pour sa mère et pour son frère ; il avait sans doute le chagrin de laisser l'une et de ne pouvoir embrasser l'autre. « Ah ! pauvre mère, disait-il, on pourra bien dire qu'elle a été la plus malheureuse des mères ! » Toute la nuit il appela son frère : « Maurice, entre donc ! » et il faisait ouvrir la porte, croyant qu'il arrivait ; il reconnaissait alors qu'il s'était trompé, mais l'appelait de nouveau deux minutes après, et de nouveau faisait ouvrir la porte.

Quelques jours auparavant, Mlle Lelièvre de la Touche, venue pour rechercher le corps de son frère, un des glorieux morts de Loigny, avait annoncé à Lucien qu'il venait d'avoir une mention militaire ; Mme Saulnier désirait savoir quelle impression lui faisait cette nouvelle, mais Lucien, loin de témoigner aucune satisfaction, parut chagriné de ce qu'on n'avait rien fait pour ses camarades : « Ils ont aussi bien mérité que moi, » disait-il. Durant son délire, il exprima encore mieux son regret : « Qu'ai-je donc fait ? s'écriait-il, pour quelques coups de fusils que j'ai tirés ! ce n'était pas la peine !... mais eux !... » Il parla souvent du général, de son camarade M. de Bec de Lièvre, qu'il savait grièvement blessé. Pendant ce temps sa mère priait et pleurait. A minuit elle envoya chercher M. le curé, et, craignant que son fils n'eût pas assez de connaissance pour recevoir Dieu, elle lui dit : « Lucien, tu sais que M. le curé doit t'apporter le bon Dieu ? » Il répondit qu'il l'attendait avec impatience, et s'écria un instant après : « Mon Dieu, que je voudrais donc faire une bonne communion ! » La pauvre mère fut rassurée, ce cher enfant avait sa parfaite connaissance. M. le curé entra portant la sainte Eucharistie, et administra les derniers sacrements à Lucien ; alors, à ce moment suprême, il lui dit : « Lucien, mon enfant, vous voulez bien donner à Dieu tout ce qu'il demande de vous ? » Le généreux soldat du pape répondit à haute voix : « J'ai fait à Dieu le sacrifice de ma vie, je lui demande le ciel !... »

Le reste de la nuit se passa, comme le commencement, dans le délire, avec des éclairs de lucidité. Dès que le jour parut, Mme Saulnier laissa son fils quelques instants pour aller à l'Eglise, c'était la fête de la Purification de la sainte Vierge. Pendant son absence, le docteur Beaumetz vint voir Lucien, et le trouva si bien, qu'il alla immédiatement auprès de Mme Saulnier, pour lui dire combien il avait d'espoir ; elle revint aussitôt, et vit, en effet, qu'il y avait un peu d'amélioration. Lucien se trouvait mieux, il donnait des ordres pour le déjeuner de sa mère, témoignant, par cette préoccupation filiale, de la tendresse de son cœur pour celle qui l'entourait, d'ailleurs, de tant d'amour ; puis tout à coup, pendant qu'elle déjeunait, il s'écria : « Nous mourrons tous deux, et nous irons au ciel ! » La pauvre mère se mit à pleurer ; à cet instant une religieuse de l'ambulance entra, ouvrit les rideaux de Lucien, et poussa un grand cri : « Il se meurt !... » Aussitôt sœurs, infirmiers, se jettent à genoux ; on court chercher M. le curé et les docteurs ; Mme Saulnier, seule, se tenait debout et disait : « On ne peut le laisser mourir ainsi ! Il vit encore ! » Elle ouvrit aussitôt un flacon d'éther et le lui fit respirer. Alors, grand Dieu ! quelle scène ! Lucien revient à la vie, et il repousse avec force les mains de sa mère en s'écriant : « Mère, laisse-moi mourir !... tu m'empêches d'aller au ciel !... Laisse-moi, je t'en supplie !... » Les médecins entrèrent à ce moment, et Lucien se remit de cette terrible crise.

Toute cette journée, il la passa à prier ; il répétait avec sa mère : « O mon Jésus ! miséricorde ! » Il embrassait la petite croix qu'il portait au cou. Le soir, il fut un peu plus agité, se souleva sur son lit en disant qu'il voulait partir, recommanda à sa mère de donner aux pauvres tout ce qui restait... Puis le calme revint, il souriait d'un sourire angélique en regardant une image de la sainte Vierge que l'on avait attachée à ses rideaux, en face de lui, et remuait la main comme pour invoquer les esprits bienheureux à venir le chercher. Il s'endormit ensuite comme s'il eût été en bonne santé ;c'était à s'y méprendre. A minuit, on s'aperçut qu'il s'affaiblissait sensiblement. Les religieuses, l'infirmier, la pauvre mère et la maquise de Bellevue, qui n'ayant pas les mêmes consolations que Mme Saulnier, tout en ayant les mêmes douleurs, eut le courage et le dévouement de rester là jusqu'à la fin, tous se mirent à genoux et ne cessèrent de prier pendant ces derniers instants. C'est à deux heures de la nuit, le premier vendredi de février, que l'âme de Lucien alla retrouver le Dieu auquel il avait si généreusement offert sa vie.

Le 3 février, au matin, le docteur protestant entra dans la chambre de Lucien ; il se mit à genoux devant ce corps sans vie, et pria longtemps en pleurant ; avant de se retirer, sa main se reposa un instant sur le chapelet que Lucien avait au cou ; Mgr Daniel, à son retour de Rome, avait donné ce chapelet à notre cher zouave, qui le porta constamment dans la poche de son gilet, et, même au plus fort de ses souffrances, ne passa pas un seul jour sans le réciter.

Un service fut célébré dans la pauvre église de Loigny, le 4 février, et aussitôt après, forte dans sa douleur comme dans son amour, la mère du martyr ramena à Moulins le corps mutilé qu'elle avait vainement disputé à la mort. Elle dut traverser de nouveau les lignes prussiennes, vaincre des difficultés sans nombre, et, lorsqu'elle atteignit le seuil de sa demeure, à bout de forces, et appelant à son aide le fils qui lui restait, on lui apprit que Maurice, pendant son absence, s'était lui aussi, engagé dans les zouaves. Il avait voulu, comme son frère, être soldat du Pape.

Journal de Moulins du 8 février 1871.

« Nous venons d'assister à l'un des convois où la patrie et la religion mêlent leurs regrets et leurs éloges M. Lucien Saulnier, âgé de vingt ans, fils de notre ancien juge d'instruction, et membre d'une famille si justement estimée de notre ville, ému des maux et des désastres de notre malheureuse France, s'était engagé dans les volontaires de l'Ouest, oubliant sa frêle santé, et s'arrachant à toutes les douceurs de la famille et de la vie, *pour vaincre*, disait-il, *ou mourir*.

« Il fut du nombre de ces jeunes héros que le brave général de Sonis demanda au colonel de Charette, pour enlever au combat de Loigny une position fortement occupée par l'ennemi. Il tomba la jambe et le bras transpercés de deux balles. Porté à Loigny (Eure-et-Loir), en proie aux plus vives douleurs, manquant de tout dans ces pays dévastés, subissant l'amputation d'une jambe, et menacé de l'amputation du bras droit, dans ces cruelles souffrances on ne surprit jamais sur ses lèvres un mot de regret à la pensée de son sacrifice. Il avait ce qui fait le héros à tout âge, la foi, qui apprend à mépriser la vie et à ne pas craindre la mort. « Monsieur le curé, disait-il au digne prêtre qui l'exhortait, j'ai fait à Dieu le sacrifice de ma vie, je ne lui demande que le ciel »

« La courageuse et sainte mère qui avait, aidée de dignes maîtres, formé ce noble cœur, put arriver jusqu'à ce fils chéri, et panser ses blessures en même temps que, par son admirable résignation, son cher Lucien versait sur la blessure de son cœur maternel un baume fortifiant. Elle le vit plusieurs fois recevoir le Dieu qui adoucit l'heure des suprêmes séparations, et elle l'entendit se plaindre avec modestie qu'en portant son nom à l'ordre du jour, on n'eût pas nommé aussi ceux qui avaient combattu comme lui. Puis il mourut doucement entre les bras de la religion, qui salue dans le soldat chrétien un martyr, et sur le cœur d'une mère faite à l'image des mères de la primitive Église.

« Le sacrifice appelle le sacrifice, et son frère Maurice est allé prendre parmi ces jeunes croisés qu'admire l'Europe et que bénit la France, cette place restée vide par la mort ; c'était le désir de son frère, et c'est l'une de ses joies au lieu où le dévouement est toujours vainqueur et reçoit des mains de Dieu une couronne immortelle.

Moulins. — Imprimerie C. Desrosiers

www.ingramcontent.com/pod-product-compliance
Ingram Content Group UK Ltd.
Pitfield, Milton Keynes, MK11 3LW, UK
UKHW020323250726
13967UKWH00004B/1825

9 782013 072472